ŒUVRES COMPLÈTES

DE

LAMARTINE

PUBLIÉES ET INÉDITES

DES DEVOIRS CIVILS DU CURÉ

ÉPITRES
ET POÉSIES DIVERSES

RECUEILLEMENTS POÉTIQUES

L'AVENIR POLITIQUE EN 1837

A M. DE LAMARTINE, SUR SON VOYAGE EN ORIENT EN 1833

PAR M. BOUCHARD

TOME CINQUIÈME

PARIS
CHEZ L'AUTEUR, RUE DE LA VILLE-L'ÉVÊQUE, 43

M DCCC LX

ŒUVRES COMPLETES

DE

LAMARTINE

—

TOME CINQUIEME

A M. A. DE LAMARTINE

APRÈS LA LECTURE DE SON POËME DE JOCELY

PAR M. JULES DE RESSÉGUIER

A M. A. DE LAMARTINE

APRÈS LA LECTURE DE SON POËME DE JOCELYN

PAR M. JULES DE RESSÉGUIER

———

Pendant le soir bruyant, pendant la nuit muette,
Mon cœur a dévoré ton saint livre, ô poëte!
Et lorsqu'à ma fenêtre a reparu le jour,
Je relisais ces chants de prière et d'amour,
Ces chants de deuil, d'espoir, de vie et d'agonie;
Et puis je te nommais en disant : « O génie! »
Et de mon cœur soudain les battements pressés,
Mes soupirs retenus longtemps, mes pleurs versés,
L'intérieur élan qui vers Dieu nous élève,
Des images passant devant moi comme un rêve,

Des troubles inconnus dans tous mes sens restés,
Quelques mots de tes vers au hasard répétés,
Et Marthe, et Jocelyn, et sa mère, et Laurence,
Et ce chien dont l'instinct d'une âme a l'apparence,
Êtres créés par toi, dans ma famille admis,
Nés d'hier seulement, et déjà vieux amis ;
Ce drame, qui d'amour et de pleurs se compose,
La mort, dont la pensée épouvante et repose,
L'homme esclave du corps, l'être immatériel,
Le combat sur la terre et le triomphe au ciel,
Et partout tant d'éclat, que des jeunes années
On croit voir reverdir toutes les fleurs fanées :
Voilà les sentiments qui me viennent de toi,
Voilà ce que ton livre a fait passer en moi.

A Byron, barde anglais, toi, poëte de France,
On te compare, ainsi que la belle espérance
Au sombre désespoir ; et c'est avec raison
Que l'univers a fait cette comparaison.
Ta poésie est tout, rayon, flamme, mystère,
Ce qui pare, colore ou parfume la terre ;
C'est le vent de l'aurore et la brise des soirs,
Les nuages montant de l'or des encensoirs,
La fleur entre les noirs barreaux de l'esclavage,
Les perles que la mer roule sur son rivage,
Le cygne sur le lac, l'aigle au-dessus des monts,
Ce que nous dit tout bas le cœur, quand nous aimons ;
Tantôt la vérité, tantôt la parabole,
Et toujours de la vie un éclatant symbole.

Il faut l'accord céleste à nos claviers humains,
Et les notes du ciel bondissent sous tes mains.

Il faut un baume au mal que le sort nous destine,
Et ce baume est pour moi dans tes vers, Lamartine !
Cher nom, beau nom, grand nom !... qui résume à la fois
Tout ce qu'ont de plus doux les âmes et les voix.

RÉPONSE DE M. A. DE LAMARTINE

A M. JULES DE RESSÉGUIER

RÉPONSE DE M. A. DE LAMARTINE

A M. JULES DE RESSÉGUIER

Non, cette suave harmonie
Qui dompte et caresse tes sens,
Poëte, n'est pas mon génie :
Tu m'embaumes de ton encens!

Je ne suis que la folle brise
Qui court sur la plaine et les bois,
Souffle d'air que chaque herbe brise,
Et qui par lui-même est sans voix.

Mais s'il rencontre dans l'enceinte
Des vieux temples aux vents ouverts,
Près de l'autel la harpe sainte,
On entend de divins concerts.

Je suis cette haleine qui joue
Sur la harpe à l'accord dormant.
Est-ce donc la brise qu'on loue,
Ou l'harmonieux instrument?

Je suis le doigt, et toi le livre ;
Mon cœur te révèle le tien ;
Mais chaque note qui t'enivre,
C'est ton encens, et non le mien.

Ton cœur sonore de poëte
Est semblable à ces urnes d'or,
Où la moindre aumône qu'on jette
Résonne comme un grand trésor.

Des fleurs qu'à nos lyres tu donnes,
Nous ne prenons que la moitié ;
Mais les roses de nos couronnes.
Tu les parfumes d'amitié !

DES

DEVOIRS CIVILS DU CURÉ

Nous avons cru devoir placer ici ce portrait du curé de village, écrit, en 1831, par M. Alphonse de Lamartine, et inséré dans le *Journal des Connaissances utiles*. Nos lecteurs retrouveront avec plaisir ces pages, restées dans la mémoire de tous ceux qui les lurent alors.

DES

DEVOIRS CIVILS DU CURÉ

Il est un homme, dans chaque paroisse, qui n'a point de famille, mais qui est de la famille de tout le monde; qu'on appelle comme témoin, comme conseil ou comme agent dans tous les actes les plus solennels de la vie civile; sans lequel on ne peut naître ni mourir; qui prend l'homme au sein de sa mère, et ne le laisse qu'à la tombe; qui bénit ou consacre le berceau, la couche conjugale, le lit de mort et le cercueil; un homme que les petits enfants s'accoutument à aimer, à vénérer et à craindre; que les inconnus même appellent *mon père ;* aux pieds duquel les chrétiens vont répandre leurs aveux les plus intimes, leurs larmes les plus secrètes ; un homme qui est le consolateur par état de toutes les misères de l'âme et du corps, l'intermédiaire obligé de la richesse et de l'indigence ; qui voit le pauvre et le riche frapper tour à tour à sa porte : le riche pour y verser l'aumône secrète, le pauvre pour la recevoir sans rougir ; qui, n'étant d'aucun rang social, tient également à toutes les classes : aux classes inférieures, par la vie pauvre, et souvent par l'humilité de la naissance ; aux classes élevées, par l'éducation, la science, et l'élévation de sentiments qu'une religion philanthropique inspire et commande ; un homme enfin qui sait tout, qui a le droit de tout dire, et dont la parole tombe de haut sur les intelligences et sur les cœurs, avec l'autorité d'une mission divine et l'empire d'une foi toute faite ? — Cet homme, c'est le curé : nul ne peut faire plus de bien ou plus de mal aux hommes, selon qu'il remplit ou qu'il méconnaît sa haute mission sociale.

Qu'est-ce qu'un curé ? C'est le ministre de la religion du Christ, chargé de conserver ses dogmes, de propager sa morale, et d'administrer ses bienfaits à la partie du troupeau qui lui a été confiée.

De ces trois fonctions du sacerdoce ressortent les trois qualités sous lesquelles nous allons considérer le curé, c'est-à-dire comme prêtre, comme moraliste, et comme administrateur spirituel du christianisme dans la commune. De là aussi découlent les trois espèces de devoirs qu'il a à accomplir pour être complétement digne de la sublimité de ses fonctions sur la terre, et de l'estime ou de la vénération des hommes.

Comme prêtre ou conservateur du dogme chrétien, les

devoirs du curé ne sont point accessibles à notre examen ; le dogme mystérieux et divin de sa nature, imposé par la révélation, accepté par la foi, cette vertu de l'ignorance humaine, se refuse à toute critique ; le prêtre n'en doit compte, comme le fidèle, qu'à sa conscience et à son Église, seule autorité dont il relève. Cependant ici même la haute raison du prêtre peut influer utilement dans la pratique sur la religion du peuple qu'il enseigne. Quelques crédulités banales, quelques superstitions populaires se sont confondues, dans les âges de ténèbres et d'ignorance, avec les hautes croyances de pur dogme chrétien. La superstition est l'abus de la foi : c'est au ministre éclairé d'une religion qui supporte la lumière, parce que toute la lumière est venue d'elle, à écarter ces ombres qui en ternissent la sainteté, et qui feraient confondre à des yeux prévenus le christianisme, cette civilisation pratique, cette raison suprême, avec les industries pieuses ou les crédulités grossières des cultes d'erreur ou de déception. Le devoir du curé est de laisser tomber ces abus de la foi, et de réduire les croyances trop complaisantes de son peuple à la grave et mystérieuse simplicité du dogme chrétien, à la contemplation de sa morale, au développement progressif de ses œuvres de perfection. La vérité n'a jamais besoin de l'erreur, et les ombres n'ajoutent rien à la lumière.

Comme moraliste, l'œuvre du curé est plus belle encore. Le christianisme est une philosophie divine écrite de deux manières : comme histoire, dans la vie et la mort du Christ ; comme préceptes, dans les sublimes enseignements qu'il a apportés au monde. Ces deux paroles du christianisme, le précepte et l'exemple, sont réunies dans le Nouveau Testament ou l'Évangile. Le curé doit l'avoir toujours à la main, toujours sous les yeux, toujours dans le cœur. Un bon prêtre est un commentaire vivant de ce livre divin. Chacune des paroles mystérieuses de ce livre répond juste à la pensée qui l'interroge, et renferme un sens pratique et social qui éclaire et vivifie la conduite de l'homme. Il n'y a point de vérité morale ou politique qui ne soit en germe dans un verset de l'Évangile; toutes les philosophies modernes en ont commenté un, et l'ont oublié ensuite. La philanthropie est née de son premier et unique précepte, la charité. La liberté a marché dans le monde sur ses pas, et aucune servitude dégradante n'a pu subsister devant sa lumière. L'égalité politique est née de la reconnaissance qu'il nous a forcés à faire de notre égalité, de notre fraternité devant Dieu. Les lois se sont adoucies, les usages inhumains se sont abolis, les chaînes sont tombées, la femme a reconquis le respect dans le cœur de l'homme. A mesure que sa parole a retenti dans les siècles, elle a fait crouler une erreur ou une tyrannie; et l'on peut dire que le monde actuel tout entier, avec ses lois, ses mœurs, ses institutions, ses espérances, n'est que le Verbe évangélique plus ou moins incarné dans la civilisation moderne! Mais son œuvre est loin d'être accomplie : la loi du progrès ou du perfectionnement, qui est l'idée active et puissante de la raison humaine, est aussi la loi de l'Évangile; il nous défend de nous arrêter dans le bien, il nous sollicite toujours au mieux, il nous interdit de désespérer de l'humanité, devant laquelle il ouvre sans cesse des horizons plus éclairés; et plus nos yeux s'ouvrent à la lumière, plus nous lisons de promesses dans ses mystères, de vérités dans ses préceptes et d'avenir dans nos destinées.

Le curé a donc toute morale, toute raison, toute civilisation, toute politique dans sa main, quand il tient ce livre. Il n'a qu'à ouvrir, qu'à lire, et qu'à verser autour de lui le trésor de lumière et de perfection dont la Providence lui a remis la clef. Mais, comme celui du Christ, son enseignement doit être double : par la vie et par la parole. Sa vie doit être, autant que le comporte l'infirmité humaine, l'explication sensible de sa doctrine, une parole vivante : l'Église l'a placé là comme exemple plus que comme oracle. La parole peut lui faillir, si la nature lui en a refusé le don ; mais la parole qui se fait entendre à tous, c'est la vie : aucune langue humaine n'est aussi éloquente et aussi persuasive qu'une vertu.

Le curé est encore administrateur spirituel des sacrements de son église et des bienfaits de la charité. Ses devoirs en cette qualité se rapprochent de ceux que toute administration impose. Il a affaire aux hommes, il doit connaître les hommes; il touche aux passions humaines, il doit avoir la main délicate et douce, pleine de prudence et de mesure. Il a dans ses attributions les fautes, les repentirs, les misères, les nécessités, les indigences de l'humanité; il doit avoir le cœur riche et débordant de tolérance, de miséricorde, de mansuétude, de compassion, de charité et de pardons. Sa porte doit être ouverte à toute heure à celui qui l'éveille, sa lampe toujours allumée, son bâton toujours sous sa main; il ne doit connaître ni saisons, ni distances, ni contagion, ni soleil, ni neiges, s'il s'agit de porter l'huile au blessé, le pardon au coupable, ou son Dieu au mourant. Il ne doit y avoir devant lui, comme devant Dieu, ni riche, ni pauvre, ni petit, ni grand, mais des hommes, c'est-à-dire des frères en misères et en espérances. Mais s'il ne doit refuser son ministère à personne, il ne doit pas l'offrir sans prudence à ceux qui le dédaignent ou le méconnaissent. L'importunité de la charité même aigrit et repousse plus qu'elle n'attire. Il doit souvent attendre qu'on vienne à lui ou qu'on l'appelle; il ne doit pas oublier que sous le régime de liberté absolue de tous les cultes, qui est la loi de notre état social, l'homme ne doit compte de sa religion qu'à Dieu et à sa conscience. Les droits et les devoirs civils du curé ne commencent que là où on lui dit : « Je suis chrétien. »

Le curé a des rapports administratifs de plusieurs natures : avec le gouvernement, avec l'autorité municipale, avec sa fabrique.

Ses rapports avec le gouvernement sont simples : il lui doit ce que lui doit tout citoyen français, ni plus ni moins, obéissance dans les choses justes. Il ne doit se passionner ni pour ni contre les formes ou les chefs des gouvernements d'ici-bas ; les formes se modifient, les pouvoirs changent de noms et de mains, les hommes se précipitent tour à tour du trône : ce sont choses humaines, passagères, fugitives, instables de leur nature. La religion, gouvernement éternel de Dieu sur la conscience, est au-dessus de cette sphère des vicissitudes, des versatilités politiques ; elle se dégrade en y descendant ; son ministre doit s'en tenir soigneusement séparé. Le curé est le seul citoyen qui ait le droit et le devoir de rester neutre dans les causes, dans les haines, dans les luttes des partis qui divisent les opinions et les hommes ; car il est avant tout citoyen du royaume éternel, père commun des vainqueurs et des vaincus, homme d'amour et de paix, ne pouvant prêcher que paix et qu'amour ; disciple de Celui qui a refusé de verser une goutte de sang pour sa défense, et qui a dit à Pierre : « Remettez ce glaive dans le fourreau ! »

Avec son maire, le curé doit être dans des rapports de noble indépendance en ce qui concerne les choses de Dieu, de douceur et de conciliation dans tout le reste ; il ne doit ni briguer l'influence, ni lutter d'autorité dans la commune ; il ne doit oublier jamais que son autorité commence et finit au seuil de son église, au pied de son autel, dans la chaire de vérité, sur la porte de l'indigent et du malade, au chevet du mourant; là il est l'homme de Dieu : partout ailleurs, le plus humble, le plus inaperçu des hommes.

Avec sa fabrique, ses devoirs se bornent à l'ordre et à l'économie que la pauvreté de la plupart des paroisses comporte. Plus nous avançons dans la civilisation et dans l'intelligence d'une religion tout immatérielle, moins le luxe extérieur devient nécessaire à nos temples. Simplicité, propreté, décence dans les objets qui servent au culte, c'est tout ce que le curé doit demander à sa fabrique. Souvent même l'indigence de l'autel a quelque chose de vénérable, de touchant et de poétique, qui frappe et attendrit le cœur par le contraste, plus que les ornements de soie et les candélabres d'or. Qu'est-ce que nos dorures et nos grains de sable étincelants, devant Celui qui a tendu le ciel et semé les étoiles? Le calice d'étain fait courber autant de fronts que les vases d'argent ou de vermeil. Le luxe du christianisme est dans ses œuvres; et la véritable parure de l'autel, ce sont les cheveux du prêtre blanchis dans la prière et dans la vertu, et la foi et la piété des fidèles agenouillés devant le Dieu de leurs pères.

Pour se nourrir et se vêtir, pour payer et nourrir l'humble femme qui le sert, pour tenir sa porte ouverte à toutes les indigences des allants et des venants, le curé a deux rétributions : l'une de l'État, 750 fr.; l'autre autorisée par l'usage, et qu'on appelle le casuel. Ce casuel, assez élevé dans certaines villes où il sert à payer les vicaires, dans la plupart des villages produit peu ou rien au curé. A peine donc a-t-il l'étroit nécessaire, le *res angusta domi*; et cependant nous lui dirons encore, dans l'intérêt de la religion comme dans celui de sa considération locale : « Oubliez le » casuel; recevez-le du riche qui insiste pour vous faire ac-

» cepter; refusez-le du pauvre qui rougit de ne pas vous
» l'offrir, ou chez qui se mêle à la joie du mariage, au bon-
» heur de la paternité, au deuil des funérailles, la pensée
» importune de chercher au fond de sa bourse quelques
» rares pièces de monnaie pour payer vos bénédictions, vos
» larmes ou vos prières; souvenez-vous que si nous nous de-
» vons *gratis* les uns aux autres le pain de la vie matérielle,
» à plus forte raison nous devons-nous *gratis* le pain céleste;
» et rejetez loin de vous le reproche de faire payer aux en-
» fants les grâces sans prix du Père commun, et de mettre
» un tarif à la prière! » Mais nous disons aux fidèles : « Le
» salaire de l'autel est insuffisant! »

Comme homme, le curé a encore quelques devoirs purement humains, qui lui sont imposés seulement par le soin
de sa bonne renommée, par cette grâce de la vie civile et
domestique qui est comme la bonne odeur de la vertu.
Retiré dans son humble presbytère, à l'ombre de son église,
il doit en sortir rarement. Il lui est permis d'avoir une vigne,
un jardin, un verger, quelquefois un petit champ, et de les
cultiver de ses propres mains; d'y nourrir quelques animaux
domestiques, de plaisir ou d'utilité, la vache, la chèvre, des
brebis, le pigeon, des oiseaux chantants, le chien surtout,
ce meuble vivant du foyer, cet ami de ceux qui sont oubliés
du monde, et qui pourtant ont besoin d'être aimés par quelqu'un. De cet asile de travail, de silence et de paix, le curé
doit peu s'éloigner, pour se mêler aux société bruyantes du
voisinage; il ne doit que dans quelques occasions solen-
nelles tremper ses lèvres avec les heureux du siècle dans la
coupe d'une hospitalité somptueuse. Le pauvre est ombra-
geux et jaloux : il accuse promptement d'adulation ou de
sensualité l'homme qu'il voit souvent à la porte du riche à
l'heure où la fumée du toit s'élève, et lui annonce une table
mieux servie que la sienne. Plus souvent, au retour de ses

courses pieuses, ou quand la noce ou le baptême a réuni les amis du pauvre, le curé peut-il s'asseoir un moment à la table du laboureur, et manger le pain noir avec lui. Le reste de sa vie doit se passer à l'autel, au milieu des enfants auxquels il apprend à balbutier le catéchisme, ce code vulgaire de la plus haute philosophie, cet alphabet d'une sagesse divine; dans les études sérieuses parmi les livres, société morte du solitaire. Le soir, quand le marguillier a pris les clefs de l'église, quand l'*Angelus* a tinté dans le clocher du hameau, on peut voir quelquefois le curé, son bréviaire à la main, soit sous les pommiers de son verger, soit dans les sentiers élevés de la montagne, respirer l'air suave et religieux des champs et le repos acheté du jour; tantôt s'arrêter pour lire un verset des poésies sacrées, tantôt regarder le ciel ou l'horizon de sa vallée, et redescendre à pas lents dans la sainte et délicieuse contemplation de la nature et de son auteur.

Voilà sa vie et ses plaisirs! Ses cheveux blanchissent, ses mains tremblent en élevant le calice, sa voix cassée ne remplit plus le sanctuaire, mais retentit encore dans le cœur de son troupeau; il meurt: une pierre sans nom marque sa place au cimetière, près de la porte de son église. Voilà une vie écoulée, voilà un homme oublié à jamais! Mais cet homme est allé se reposer dans l'éternité, où son âme vivait d'avance, et il a fait ici-bas ce qu'il y avait de mieux à y faire : il a continué un dogme immortel; il a servi d'anneau à une chaîne immense de foi et de vertu, et laissé aux générations qui vont naître une croyance, une loi, un Dieu!

ÉPITRES

ET

POÉSIES DIVERSES

A M. VICTOR HUGO

A M. VICTOR HUGO

Déjà la première hirondelle,
Seul être aux ruines fidèle,
Revient effleurer nos créneaux,
Et des coups légers de son aile
Battre les gothiques vitraux
Où l'habitude la rappelle.
Déjà l'errante Philomèle,
Modulant son brillant soupir,
Trouve sur la tige nouvelle
Une feuille pour la couvrir,
Et de sa retraite sonore,
Où son chant seul peut la trahir,

Semble une voix qui vient d'éclore
Pour saluer avec l'aurore
Chaque rose qui va s'ouvrir.
L'air caresse, le ciel s'épure ;
On entend la terre germer ;
Sur des océans de verdure
Le vent flotte pour s'embaumer ;
La source reprend son murmure ;
Tout semble dire à la nature :
« Encore un printemps pour aimer ! »

Encore un degré vers la tombe,
Où des ans aboutit le cours !
Encore une feuille qui tombe
De la couronne de nos jours,
Sans que ta main l'ait savourée,
Sans que ton cœur l'ait respirée !
Cependant nos printemps sont courts !
Épris de la seule nature,
Horace, ambitieux d'oubli,
Lui confiant sa vie obscure,
Écoutait l'éternel murmure
Des cascades de Tivoli.
Souvent, assis sur ces ruines
D'où je voyais mourir le jour
Sous l'ombre de ces deux collines
Qui cachaient son humble séjour,
J'allai, plein des mêmes pensées,
Chercher ses traces effacées
Aux lieux par son ombre habités ;
Et, livrant ses vers au zéphire,
A leur écho faire redire
Les sons plaintifs de cette lyre

Qu'il a deux mille ans répétés !
Fuyant le tumulte des villes,
Aux lieux où les vagues tranquilles
Lavent des bords silencieux,
Virgile, assis sur le rivage,
Charmait les rochers de la plage
De ses concerts mystérieux.
Dans la solitude qu'il aime,
Il marquait du doigt l'arbre même
Qui devait ombrager ses os,
Et voulait que dans ce lieu sombre
Le concert des mêmes échos
Berçât le sommeil de son ombre
Du doux bruit des vents et des flots.
J'ai vu la retraite enchantée
Où, las d'une vie agitée
Par les orages du malheur,
Le Tasse, suivi par l'envie,
Revêtait, pour cacher sa vie,
Les humbles habits d'un pasteur.
Au penchant du cap de Sorrente,
Au pied d'un agreste rocher,
Bords où la vague transparente
Berce le paisible nocher,
Sous l'oranger de la colline
On voit encor l'humble ruine
De ce poétique séjour :
L'écho des vents et des cascades
Y roule, à travers les arcades,
Des sons de tristesse et d'amour.

Et toi, leur enfant, tu t'exiles
Des lieux par la muse habités,

ÉPITRES

Pour traîner des loisirs stériles
Dans l'air corrompu des cités !
Oiseau chantant parmi les hommes,
Ah ! reviens à l'ombre des bois !
Il n'est qu'au désert où nous sommes
Des échos dignes de ta voix.
Viens respirer avant l'aurore
L'air embaumé qui semble éclore
Des baisers des fleurs et du jour,
Et, mêlant ton âme encor pure
Avec le ciel et la nature,
Rêver et chanter tour à tour !

Non loin de la rive embellie
Où la Saône aux flots assoupis
Retrouve sa pente, et l'oublie
Pour caresser les verts tapis
Où son cours cent fois se replie ;
Au pied des monts où l'on croit voir
La nuit s'enfuir, le jour éclore,
Dont les neiges que le ciel dore
Comme un majestueux miroir
Sur nos champs projettent encore
Les premiers reflets de l'aurore
Et l'ombre lointaine du soir ;
Entre deux étroites collines
Se creuse un oblique vallon,
Tel que Virgile ou Fénelon
L'auraient peint de leurs mains divines.
Le double mont qui le domine
Et le défend de l'aquilon
Sous le poids des forêts s'incline,
Et de pente en pente décline

Jusqu'au lit bordé de gazon
Où notre humble ruisseau sans nom
Déroule sa nappe argentine,
Et dans son onde cristalline
Aime à bercer le doux rayon
De la lune qui l'illumine.
Le tiède regard du soleil
Le colore dès son réveil
De ses lueurs les plus dorées;
Et, le soir, ses teintes pourprées
Peignent le nuage vermeil
Où nage son disque, pareil
A des roses décolorées;
Et, grâce à l'aspect de ces lieux,
Tour à tour éclatant et sombre,
Chacun de ses pas dans les cieux,
Par un contraste harmonieux,
Y fait lutter le jour et l'ombre,
Les champs, les fleurs, les eaux, les bois,
L'émail ondoyant des prairies,
Semés sur ses pentes fleuries,
S'entrelacent comme par choix,
Et semblent se plier aux lois
Des plus riantes symétries.
Le saule, penché sur les eaux,
Y baigne ses tristes rameaux
D'où ses larmes tombent en pluie,
Et qu'en agitant ses berceaux
L'haleine du zéphyr essuie.
Sur le tronc mousseux des ormeaux
La vigne avec grâce s'appuie,
Et couvre de ses verts arceaux
La moisson par l'été jaunie.
L'onde amoureuse du rocher,

D'où l'entraîne un courant rapide,
En retombe en nappe limpide,
Y remonte en poussière humide,
Semble chercher à s'attacher
A ses flancs en perle liquide,
Qu'un rayon du jour vient sécher;
Et, roulant sans bords sur sa pente
Que son écume au loin blanchit,
Bouillonne, fuit, dort ou serpente,
Gronde, murmure, et rafraîchit
L'air que charme sa plainte errante.
Suspendue aux flancs des coteaux,
L'humble chaumière des hameaux
Blanchit à travers le feuillage;
Le couchant dore ses vitraux,
Et du toit couvert de roseaux
La fumée en léger nuage
Monte et roule ses plis mouvants,
Et cède aux caprices des vents
Qui la bercent sur le bocage.

Au sommet d'un léger coteau
Qui seul interrompt ces vallées,
S'élèvent deux tours accouplées,
Par la teinte des ans voilées;
Seul vestige d'un vieux château,
Dont les ruines mutilées
Jettent de loin sur le hameau
Quelques ombres démantelées.
Elles n'ont plus d'autres vassaux
Que les nids des joyeux oiseaux,
L'hirondelle et les passereaux
Qui peuplent leurs nefs dépeuplées :

Le lierre, au lieu des vieux drapeaux,
Fait sur leurs cimes crénelées
Flotter ses touffes déroulées,
Et tapisse de verts manteaux
Les longues ogives moulées,
Où les vautours et les corbeaux,
Abattant leurs noires volées,
Couvrent seuls les sombres créneaux
De leurs sentinelles ailées.
Ce n'est plus qu'un débris des jours,
Une ombre, hélas! qui s'évapore,
En vain à ces nobles séjours,
Comme le lierre aux vieilles tours,
Le souvenir s'attache encore :
Minés par la vague des ans,
Sur le cours orageux du temps
Leur puissance s'en est allée;
Ils font sourire les passants,
Et n'ont plus d'autres courtisans
Que les pauvres de la vallée.
Autour de l'antique manoir
Tu n'entendras d'autre murmure
Que les soupirs du vent du soir
Glissant à travers la verdure,
Les airs des rustiques pipeaux,
Ou la clochette des troupeaux
Regagnant leur étable obscure;
Et quelquefois les doux concerts
D'une harpe mélancolique,
Dont une brise ossianique
Vient par moments ravir les airs,
A travers l'ogive gothique,
A l'écho de ces murs déserts.

C'est là que l'amitié t'appelle ;
C'est là que de tes heureux jours,
Par mille gracieux détours,
Sur une pente naturelle
Tu laisseras errer le cours ;
C'est là que la Muse rêveuse,
Descendant du ciel sur tes pas,
Viendra, t'ouvrant ses chastes bras,
Comme une aile silencieuse,
T'enlever aux soins d'ici-bas !

Notre âme est une source errante
Qui, dans son onde transparente,
S'empreint de la couleur des lieux :
De la nature elle est l'image,
Tantôt sombre comme un nuage,
Tantôt pure comme les cieux.
Si, quittant ses rives fleuries,
Ses flots, par leur pente emportés,
Vont laver ces plages flétries
Par l'ombre obscure des cités,
Elle perd la teinte azurée,
Et, ne conservant que son nom,
Elle traîne une onde altérée
Que souille un orageux limon ;
Et le pasteur qui la vit naître
S'étonne, et ne peut reconnaître
L'eau murmurante du vallon.
Mais dès qu'abandonnant ces plages,
Et retrouvant son lit natal,
Sa pente sous de verts ombrages
Ramène son flot de cristal,

Sur le sable d'or qu'elle arrose,
En murmurant elle dépose
L'ombre qui ternit ses couleurs,
Et, dans son sein, que le ciel dore.
Limpide, elle retrace encore
L'azur du soir ou de l'aurore,
Les bois, les astres et les fleurs!

A M. AMÉDÉE DE PARSEVAL

A M. AMÉDÉE DE PARSEVAL

Du poëte de Stényclare
Si notre âge assoupi retrouvait les accords,
J'irais, je chanterais sur le luth de Pindare
Ou l'hymne du triomphe ou la gloire des morts.

Qu'il est beau de voler dans la noble carrière
　　　　Sur la trace de nos soldats!
De suspendre sa lyre au bronze des combats,
Et, dans des tourbillons de flamme et de poussière,
　　　　D'exciter leur vertu guerrière,
Ou de chanter la gloire en face du trépas!

La muse aime à planer sur les champs du carnage,
A fouler sous ses pieds des lambeaux d'étendards,
Les membres des héros sur la poussière épars,
Et les tronçons brisés des glaives que leur rage
Semble encor défier de ses derniers regards.

Quel accompagnement sublime
Pour les chants inspirés du barde audacieux,
Que le bruit du canon roulant décime en cime,
Ou le cri du coursier que la trompette anime,
Ou le fracas du pont qui gronde, et qui s'abîme
Sous la bombe tombant des cieux !

Fier alors du péril, le poëte partage
La sainte gloire du guerrier,
Et cueille, transporté de joie et de courage,
Quelques rameaux sanglants de son même laurier.

Mais mon génie obscur est loin de tant d'audace :
Fuyant la scène des combats,
J'aime mieux, sur les pas de Virgile ou d'Horace,
Dans quelque humble Tibur, comme eux cachant ma trace,
Égarer mollement mes pas.

J'aime mieux, du penchant des collines prochaines,
Entendre au loin monter le doux chant des pasteurs,
Ou bourdonner l'abeille autour du tronc des chênes,
Ou de mes limpides fontaines
Les flots assoupissants murmurer sous les fleurs.

J'aime mieux, dans ces bois où l'oiseau seul m'écoute,
Cherchant dès le matin le silence et le frais,
D'un pas inattentif perdre et chercher ma route,
Et, soupirant mes vers dans leurs antres secrets,
Entendre mes pas seuls résonner sous leur voûte,
Ou les pleurs de la nuit distiller goutte à goutte
    Du dôme tremblant des forêts.

A M. CASIMIR DELAVIGNE

A M. CASIMIR DELAVIGNE

Saint-Point, près Mâcon, 9 février 1824.

Grâce aux vers enchanteurs que tout Paris répète,
Ton nom a retenti jusque dans ma retraite;
Et le soir, pour charmer les ennuis des hivers,
Autour de mon foyer nous relisons ces vers
Où brille en se jouant ta muse familière,
Qu'eût enviés Térence, et qu'eût signés Molière.
Comment peux-tu passer, par quel don, par quel art,
De Syracuse au Havre, et du Gange à Bonnard?
Puis, déployant soudain les ailes de Pindare,
Sur les bords profanés de Sparte et de Mégare

Aller d'un vers brûlant tout à coup rallumer
Ces feux dont leurs débris semblent encor fumer,
Ces feux de la vertu, de l'honneur, du courage,
Que recouvrent en vain dix siècles d'esclavage ?
Comment, redescendu de ce brillant séjour,
Dans les bois de Meudon viens-tu chanter l'amour ?
Franchissant d'un seul trait tout l'empire céleste,
Le génie est un aigle ; et ton vol nous l'atteste !

Relégué loin des bords où tout Paris charmé
Voit le fier Manlius en bourgeois transformé,
Obéissant aux cris d'un parterre idolâtre,
Livrer ton nom modeste aux bravos du théâtre,
Je n'ai point encor lu ces chants que par ta voix
Messène a soupirés pour la troisième fois.
En vain l'écho léger que chaque jour publie,
Oracle du matin que le soir on oublie,
A porté jusqu'à moi quelques lambeaux de vers,
Quelques sons décousus de tes brillants concerts :
Dans ma soif des beaux vers, que ton nom seul rallume,
J'ai dévoré la page, et j'attends le volume.
On dit que dans ces chants ton génie exalté
Prêche à des convertis l'antique liberté ;
On dit qu'après trente ans d'esclavage et de crimes
Cette divinité respire dans tes rimes
Les parfums épurés d'un chaste et noble encens ;
Que son nom dans ta bouche a repris son beau sens,
Et que, de trois pouvoirs lui formant un trophée,
De son bonnet sanglant ta main l'a décoiffée.
Ah ! j'en rends grâce à toi ! nous pourrons adorer
Celle qu'avant tes vers il nous fallait pleurer.
Son culte entre tes mains est pur et légitime :
Tu renîrais tes dieux, s'ils commandaient le crime.

Pour moi, tremblant encor du nom qu'elle a porté,
J'aborde ses autels avec timidité,
Craignant à chaque instant qu'arraché de sa base,
Le dieu mal affermi ne tombe et nous écrase.
Le siècle où je naquis excuse mes terreurs :
J'entendais au berceau le bruit de ses fureurs ;
Son arbre, dont le sang arrosait les racines,
Portait, au lieu de fruits, la mort et les rapines.
Pour la première fois quand j'invoquai son nom,
Ce fut sous les verrous d'une indigne prison,
Dans les étroits guichets du cachot solitaire :
Elle me disputait aux baisers de mon père,
Qui, caressant son fils à travers les barreaux,
Payait d'un reste d'or la pitié des bourreaux.
Je vis en grandissant, je vis sa main sanglante
Arracher des autels la prière tremblante,
Souiller, jeter au vent la cendre des tombeaux,
Des temples avilis disperser les lambeaux,
Et, le pied chancelant des suites d'une orgie,
Couvrant ses cheveux plats du bonnet de Phrygie,
Au long cri de la mort, à sa voix renaissant,
Danser sous l'échafaud qui ruisselait de sang.
Oui, voilà sous quels traits, dans ma sombre pensée,
Par la main du malheur son image est tracée.
Pardonne, ô Liberté ! Pour effacer ces traits,
Il faut, il faut au moins un siècle de bienfaits.

Hâte ces jours heureux, toi qui chantes sa gloire !
Mêle une page blanche à sa funèbre histoire !
Qu'on la voie en tes vers, vierge de sang humain,
Rejeter ce poignard qui ruisselle en sa main ;
Devant un sceptre juste incliner un front libre ;
De la force et du droit maintenir l'équilibre ;

Nous couvrir d'une main du bouclier des lois,
Et de l'autre affermir la majesté des rois.

Mais c'est assez parler de nos vaines querelles !
Le temps emportera ce siècle sur ses ailes,
Et laissera tomber dans l'éternelle nuit
De nos dissensions le misérable bruit.
D'autres siècles viendront, chargés d'autres promesses;
Ils tromperont encor nos trompeuses sagesses ;
Sur leurs cours orageux l'homme encore emporté
Dans ses rêves nouveaux verra la vérité.
C'est la loi des esprits : tout cherche, et tout travaille.
Ce monde, cher Lavigne, est un champ de bataille
Où des ombres d'un jour passent en combattant :
Pour qui? pour un fantôme, un système, un néant ;
Et quand ils sont tout près de saisir leur idole,
C'est un ballon qui crève, et du vent qui s'envole.

Émule harmonieux des cygnes d'Eurotas ,
Ne prêtons point la lyre à ces tristes combats.
Laissons d'un siècle vain l'impuissante sagesse
Soulever ces rochers qui retombent sans cesse;
Dans la coupe d'Hébé ne versons point de fiel ;
Ne mêlons point les voix de ces filles du ciel,
Ne mêlons pas les sons des lyres profanées
Aux cris des passions, de nos jours déchaînées :
Mais demandons ensemble à la nature, aux dieux,
Ces chants modérateurs, sereins, mélodieux,
Ces chants de la vertu, dont la sainte harmonie
Ressemble quelquefois à la voix du génie,
Qui calment les partis, adoucissent les mœurs,
S'élèvent au-dessus des terrestres clameurs,

Et, sur l'aile du temps traversant tous les âges,
Brillent comme l'iris sur les flancs des nuages.
Mais adieu ! de l'épître osant braver les lois,
Ma muse inattentive élève trop la voix.
D'un ton plus familier, d'une voix plus touchante,
Je voulais te parler, et voilà que je chante.

Ainsi, quand sur les bords du lac qui m'est sacré,
Séduit par la douceur de son flot azuré,
Ouvrant d'un doigt distrait l'anneau qui la captive,
J'abandonne ma barque à l'onde qui dérive,
Je ne veux que raser dans mon timide cours
De ses golfes riants les flexibles contours,
Et, sous le vert rideau des saules du rivage,
Glisser, en dérobant quelques fleurs au bocage.
Mais du vent qui s'élève un souffle inaperçu
Badine avec ma voile, et l'enfle à mon insu ;
Le flot silencieux sur la liquide plaine
Pousse insensiblement la barque qui m'entraîne,
L'onde fuit, le jour tombe ; et, réveillé trop tard,
Je vois le bord lointain fuir devant mon regard.

A M. A. DE LAMARTINE

PAR M. CASIMIR DELAVIGNE

A M. A. DE LAMARTINE

PAR M. CASIMIR DELAVIGNE

SUR LA LIBERTÉ

Captif sous mes rideaux, dont la double barrière
Enfermait avec moi la fièvre meurtrière,
J'humectais vainement mes poumons irrités
Des sirops onctueux par Charlard inventés ;
Mon rhume s'obstinait, et ma bruyante haleine
Par secousse, en sifflant, s'exhalait avec peine.
Tes vers, qui m'ont sauvé, m'ont appris un peu tard
Qu'Apollon, pour guérir, vaut son docte bâtard ;
Et je crois, plein du dieu qu'en te lisant j'adore,
Que l'oracle du Pinde est celui d'Épidaure.

Oui, tu m'as bien compris; oui, cette liberté
Qui séduit ma raison à sa mâle beauté,
Que ma muse poursuit de son ardent hommage,
Et dont mes fleurs d'un jour ont couronné l'image,
Propice à l'innocent, redoutable au pervers,
Est celle que Socrate invoque dans tes vers.
Messène l'adorait au pied du mont Ithôme;
Venise n'embrassa que son sanglant fantôme;
Son arc de l'Helvétie a chassé les Germains,
Et la flèche de Tell étincelle en ses mains.

Créé pour commander, l'homme naquit sans maître,
Et, chef-d'œuvre imparfait du Dieu qui le fit naître,
Avec l'instinct du bien vers le mal emporté,
Pour choisir la vertu, reçut la liberté.
La licence est en lui l'abus d'un droit sublime :
La liberté gouverne, et la licence opprime.
Elle seule, à nos yeux, de son front sans pudeur
Sous un masque romain déguisa sa laideur,
Et de la liberté simulacre infidèle,
Lui ravit nos respects en se donnant pour elle.
L'excès de la raison comme un autre est fatal,
Et l'abus d'un grand bien le change en un grand mal.
Pour détrôner l'abus proscrirons-nous l'usage?
Mais quel bienfait si grand, ou quelle loi si sage,
Hors la tendre amitié, quel sentiment si beau
Dont l'abus dangereux n'ait pas fait un fléau?
Du soupçon à l'œil faux la prudence est suivie,
Et l'émulation traîne après soi l'envie!
Pour la Philosophie, un jour on m'a conté
Que son front se gonfla d'avoir trop médité;
Son cerveau douloureux s'ouvrit, et le Sophisme
En sortit, tout armé d'un double syllogisme.

Entre Euclide et Pascal, de l'excès du savoir
Naît le doute effaré, qui regarde sans voir ;
La faiblesse pour mère a l'extrême-indulgence,
Et l'extrême justice est presque la vengeance ;
En punissant la faute, elle insulte au malheur :
La torture, à sa voix, fit mentir la douleur.
Thémis moins rigoureuse est aujourd'hui plus juste ;
Mais on la trompe encore, et sa balance auguste
N'incline pas toujours du côté du bon droit ;
Son glaive tombe à faux, et frappe en maladroit.
La Chicane au teint jaune, aux doigts longs et difformes,
Entoure son palais du dédale des formes,
Et, dans l'obscurité, les plaideurs aux abois
Sont par leurs défenseurs pillés au fond du bois.
J'ôte à ce parvenu la toge qui le pare,
Et je découvre un sot caché sous la simarre !
Que faire ? De Thémis briser les tribunaux,
Mettre sa toque en cendre, et sa robe en lambeaux ?
Mais je vois un bandit, qui ne craint plus l'enquête,
A ma bourse, en plein jour, adresser sa requête ;
Et deux plaideurs manceaux, de colère animés,
En champ clos pour leurs droits plaider à poings fermés.

Noble chevalerie, autrefois ta bannière
De l'Orient pour nous rapporta la lumière :
J'aime avec l'Arioste à vanter tes exploits,
Dont la justice errante a devancé les lois ;
A voir tes jeux guerriers, ton amoureux servage,
Adoucir de nos mœurs l'âpreté sauvage.
Mais dans leurs jeux parfois tes preux moins innocents
Ont, la lance en arrêt, détroussé les passants,
Ont levé sur l'hymen des dîmes peu morales,
Et, possesseurs armés de leurs jeunes vassales,

Opposant aux maris des remparts crénelés,
Ont plus fait d'orphelins qu'ils n'en ont consolés.
Eh bien, de nos romans bannirons-nous les fées?
Irons-nous, de l'histoire arrachant tes trophées,
Des excès féodaux d'un fougueux châtelain
Flétrir Clisson, Roland, Bayard et Dugesclin?
Le saint amour des rois, dans sa ferveur antique,
Des plus beaux dévoûments fut la source héroïque.
Mais cet amour outré mène au mépris des lois,
Foule à pieds joints l'honneur, le bon sens et nos droits,
Sous le joug du pouvoir se jette avec furie,
Compte un homme pour tout, et pour rien la patrie.
J'en conclus qu'en tous lieux, surtout chez les Français,
L'incertaine raison marche entre deux excès,
Et court, dès qu'un faux pas l'écarte de sa route,
Du bonheur qu'on espère au malheur qu'on redoute ;
Ainsi qu'un clair ruisseau, captif entre ses bords,
Qui sans les inonder leur verse ses trésors,
Gonflé par un orage, en un torrent se change,
Et roule sur les fleurs les débris et la fange.
Si les lois, si les arts, le bon droit, le bon goût,
Si tout admet l'excès, si l'excès flétrit tout,
Ami, la liberté n'en est pas plus complice
Que toute autre vertu dont l'abus est un vice.
A son front virginal ma main n'a pas ôté
Le bonnet phrygien, qu'il n'a jamais porté.
Pourquoi donc, trop séduit d'une fausse apparence,
Nommer la liberté quand tu peins la licence?

Eh! que répondrais-tu, si quelque noir censeur,
Trompé par tes accords et sourd à leur douceur,
Dans la vierge immortelle à qui tu rends hommage,
Voulait voir cet esprit d'imposture et de rage

Qui, sur les bancs dorés d'un concile romain,
Présida, dans Constance, un brandon à la main ;
De Jean Hus, en priant, signa l'arrêt barbare ;
Au front d'un Alexandre égara la tiare ;
Qui, le doigt sur la bouche, au fond du Louvre assis,
Attisait les complots que soufflait Médicis,
Et poussait Charles neuf, quand ses mains frénétiques
Frappaient d'un plomb dévot des sujets hérétiques ;
Qui, se signant le front, l'air contrit, l'œil fervent,
Pour immoler Henri s'échappait d'un couvent ;
Dont partout aujourd'hui la tortueuse audace
Se mêle en habit court aux nouveaux fils d'Ignace ;
Qui prêche sous le frac, rampe sous le surplis,
Cache son embonpoint sous sa robe à longs plis,
Malgré ses trois mentons vante ses abstinences,
Se glisse incognito de la chaire aux finances,
Résigné, s'il le faut, à sauter du saint lieu
Dans le fauteuil royal où s'assit Richelieu ?
Mais non, ce fanatisme est l'abus que je blâme :
Il n'a pas allumé ces traits de vive flamme
Qui, par l'aigle de Meaux à ta muse inspirés,
Brillent comme un reflet de ses foudres sacrés ;
Il n'a pas modulé ces sons dont l'harmonie
Semble un écho pieux des concerts d'Athalie.
Non, non, ce n'est pas lui que ta lyre a chanté ;
C'est la Religion, sœur de la Liberté !
Un flambeau dans les mains, les ailes étendues,
Des bras du Roi des cieux toutes deux descendues.
Chez les rois de la terre ont voulu s'exiler
Pour affranchir l'esclave ou pour le consoler.
Toutes deux ont ensemble erré parmi les tombes ;
Toutes deux, s'élançant du fond des catacombes,
Sous un même drapeau marchaient d'un même pas,
Répandaient la lumière et ne l'étouffaient pas.

L'une, le front paré des palmes du martyre,
Présente l'espérance aux humains qu'elle attire ;
Clémente, elle pardonne avec Guise expirant,
Embrasse Fénelon d'un amour tolérant,
Guide Vincent de Paul, ensevelit Voltaire,
Brûle de chastes feux ces anges de la terre
Qui sans faste et sans crainte à la mort vont s'offrir,
Pour sauver un malade ou l'aider à mourir.
L'autre, le casque en tête et le pied sur des chaînes,
Sourit à Miltiade, inspire Démosthènes,
Joue avec le laurier cueilli par Washington,
Et l'offre aux dignes fils des Grecs de Marathon,
Libres s'ils sont vainqueurs et libres s'ils périssent,
Qu'un poëte secourt, et que des rois trahissent.
Viens, et sans condamner nos cultes différents,
Viens aux pieds des deux sœurs échanger nos serments.
Éclairés par leurs yeux, réchauffés sous leurs ailes,
Pour les mieux adorer, unissons-nous comme elles;
Et dans un même temple, à deux autels voisins,
Offrons nos dons divers sans désunir nos mains!

Que j'aime le tableau de ta barque incertaine,
Cédant en vers si doux au souffle qui l'entraîne!
Au gré des flots mouvants, par la brise effleurés,
Sous nos deux pavillons nous voguons séparés :
Mais, quel que soit le bord où tende notre audace,
Pour nous montrer du doigt l'écueil qui nous menace,
Nous saluer d'un signe ou d'un regard ami,
Laissons tomber la rame élevée à demi.
Demandons l'un pour l'autre une mer sans orage,
Un ciel d'azur, un port au terme du voyage,
Un vent qui nous y mène, et, propice à tous deux,
M'apportant tes souhaits, te reporte mes vœux!

A M. LÉON BRUYS D'OUILLY

A M. LÉON BRUYS D'OUILLY

Paris, 8 avril 1836.

Enfants de la même colline,
Abreuvés au même ruisseau,
Comme deux nids sur l'aubépine,
Près du mien Dieu mit ton berceau.

De nos toits voisins les fumées
Se perdaient dans le même ciel,
Et de tes herbes parfumées
Mes abeilles volaient le miel.

Souvent je vis ta douce mère,
De mes prés foulant le chemin,
Te mener, comme un jeune frère,
A moi, tout petit, par la main ;

Et, te soulevant vers ma lyre
Sur ses bras qui tremblaient un peu,
Dans mes vers t'enseigner à lire,
Enfant qui joue avec le feu !

Et je pensais par aventure,
En contemplant cet or mouvant
De ta soyeuse chevelure,
Où les baisers pleuvaient souvent :

« Charmant visage, enfance heureuse,
» Sans prévoyance et sans oubli,
» Que jamais la gloire ne creuse
» Sur ce front blanc le moindre pli !

» Que jamais son flambeau n'allume
» D'un feu sombre ces yeux si beaux,
» Ainsi qu'une torche qui fume
» Et se réfléchit dans les eaux !

» Que jamais ses serres de proie
» N'éclaircissent avant le temps
» Ces cheveux où ma main se noie,
» Feuillage épais de ses printemps !

» Que jamais cette main, qui vibre
» Dans ma poitrine à tout moment,
» N'arrache à son cœur une fibre,
» Comme une corde à l'instrument!

» Si quelque voix chante en son âme,
» Que son écho mélodieux
» Soit dans l'oreille d'une femme,
» Et sa gloire dans deux beaux yeux! »

Je partis; j'errai des années...
Quand je revins au vert vallon
Chercher nos jeunesses fanées,
Je ne trouvai plus que ton nom :

L'éclair qui m'avait fait poëte,
Jaloux de tes jours de repos,
S'était abattu sur ta tête
Comme un aiglon sur deux troupeaux.

L'astre naissant de ta carrière,
Sur ton front venant ondoyer,
Dardait des reflets de lumière
Qui te présageaient son foyer.

Plèin d'ivresse et d'inquiétude,
En écoutant grandir ta voix,
Je repense à ta solitude,
A ton enfance au fond des bois.

Pleure ton fils, ô ma vallée !
Il saura ce que vaut trop tard
Une heure à ton ombre écoulée,
Un rêve qu'on berce à l'écart,

Le vol de la brise éphémère,
Au bruit de l'onde un pur sommeil,
Et ces voix de sœur et de mère
Qui nous appelaient au réveil !

A M. A. DE LAMARTINE

PAR M. L. BRUYS D'OUILLY

A M. A. DE LAMARTINE

PAR M. L. BRUYS D'OÜILLY

Paris, 1836.

En causant vers le soir à ton foyer gothique,
Deux mots étaient sortis de l'urne poétique;
Tu les roulais en toi comme sur le billard
La bille que ta main lançait dans le hasard :
Tu parlais du curé, tu parlais du poëte,
Déjà pour les chanter ta parole était prête;
Le premier de ces noms, avec l'amour et Dieu,
Fit rayonner ton œil d'une gerbe de feu;

Et la nuit vint bientôt, avec tout son délire,
Faire chanter ton cœur comme vibre une lyre.
A peine en ton vallon l'aube était de retour,
Qu'une voix me disait : « Ami, voici le jour! »
Et déjà près du seuil une crinière grise
Flottait en hennissant au souffle de la brise;
Et bientôt tous les deux dans les sentiers épars,
Gravissant la montagne et fuyant les regards,
Tandis que l'émondeur ébranlait les vieux frênes,
Que la grive chantait sur le sommet des chênes,
Nous nous entretenions de ce sujet sacré
Dont la lave couvait sous ton front inspiré.
Puis ta poitrine enfin, comme un large cratère
Qui s'entr'ouvre et remplit les échos de la terre,
Fit retentir au loin les voûtes de tes bois
Sous les nombres brillants dont s'animait ta voix.

Ces vers, nous les verrons au grand jour apparaître :
Le monde les attend! Moi qui les ai vus naître,
Je leur donne en passant le salut d'avenir;
Mais la foule à l'envi viendra pour les bénir,
Et s'enivrer au chant de ton gosier sonore.
Comme l'oiseau des cieux, chaque jour à l'aurore,
S'élève de nouveau vers le flambeau du jour,
L'œil rayonnant de joie et le cœur plein d'amour,
Ainsi quand de ton sein le flambeau du génie
Lancera ce rayon d'une nuit d'insomnie,
Chaque être qui respire et porte un cœur en soi.
A son réveil aussi s'écrira : « Gloire à toi! »

Combien j'aime tes bois, tes monts et ta vallée,
De ses vieux châtaigniers au loin toute voilée,

Et ces toits enfumés, ces chaumes, ces hameaux
Épars dans les taillis au penchant des coteaux !
Le soir, quand je suis seul sur les bords de la Grône,
De même que ses flots s'élancent vers la Saône,
Ainsi vont mes pensers sous le toit où tu dors,
Ainsi ma voix se mêle au bruit de tes accords.
Je gravis en rêvant le mont qui nous sépare,
Et, tandis que mon œil sur le vallon s'égare,
Toujours un souvenir me ramène au sentier
De ces bois que mon cœur ne pourrait oublier.
De même qu'en ce jour je crois te voir encore,
Peut-être que pour moi jamais plus belle aurore
N'a brillé sous le ciel de ton riant vallon :
C'était durant l'automne, et pourtant l'horizon
Étalait à nos yeux, dès l'aube matinale,
Une pompe de feu vraiment orientale ;
Ton cheval au flanc gris bondissait sous ta main,
Et ton blanc lévrier volait sur le chemin,
Comme un oiseau du ciel égaré sur la plage ;
Tout semblait s'animer au loin sur ton passage,
Et je te vois toujours sur ton noble coursier,
Quand le feu jaillissait sous sa corne d'acier,
L'arrêter tout à coup pour verser dans mon âme
Un flot étincelant de ces torrents de flamme
Qui battaient dans ton sein, écho mystérieux
Où tout vibre plus haut, même la voix des cieux.

Mais déjà loin, bien loin, tu laissais en arrière
L'écho qui redisait à l'écho ta prière ;
Et comme sous tes pas grandissaient le chemin,
Et les bois, et les prés, et le lit du moulin,
Ainsi, dans ta pensée, à cette heure suprême,
Se déroulait déjà tout le plan du poëme ;

Et ta voix et tes yeux, d'un air inspirateur,
En versaient le secret dans l'ombre de mon cœur.
Puis, d'un regard aimant et plein d'un saint délire :
« Pour chanter mon héros, ami, saisis ta lyre ! »
Mais je sentis trop bien que de mes faibles doigts
Le luth qu'on me tendait tomberait, et sans voix ;
Puis, aussi, je sus voir sur ce front de poëte
Une épopée entière à jaillir déjà prête.
Crois donc que j'aimais trop à t'entendre chanter,
Pour vouloir dans ta course un moment t'arrêter.

Cependant à Saint-Point, dans la même soirée,
Quand nous suivions de l'œil, sous la voûte éthérée,
L'étoile qui du ciel vers la terre s'enfuit
Comme un long fil d'argent que déroule la nuit,
Un autre nom sortit aussi de la même urne,
Un nom doux et brillant comme l'astre nocturne,
Ou comme cette étoile étincelant encor,
Un nom que sur ton front je lis en lettres d'or,
Un nom que l'on chérit chaque fois qu'on te nomme,
Toi qui sus faire aimer le poëte dans l'homme !

Mais ton choix était fait ; car toi-même, en tes vers,
Tu ne voulais chanter ta gloire à l'univers.
Pourtant, en remontant au jour de ta naissance,
De quels divins secrets, poëte par essence,
Tu nous aurais dotés dans une heure d'amour,
En laissant tout ton cœur s'exhaler au grand jour !
Mais, hélas ! ce sujet vaste comme le monde,
Cette mer de pensers en orages féconde,
C'est moi, dans ce moment, que le sort vint choisir
Pour y jeter ma barque, au risque d'y périr.

Ami, sur cette mer où l'orage respire,
Si tu la vois chercher les eaux de ton navire,
Pour lui porter secours n'attends pas de signaux ;
Songe qu'elle est sans voile et sans mât sur les eaux :
Du plus loin que tes yeux la verront dans l'orage,
Jette-lui de ta main la corde du naufrage ;
Ou tu ne verras plus bientôt sous tes regards,
Au premier coup de vent, que des débris épars,
Que des rames au loin par les vagues roulées :
Car ses planches déjà sont si mal assemblées,
Qu'on dirait un enfant qui voulut les unir.
Mais ton vaisseau s'enfuit si loin dans l'avenir,
Que l'œil ne verrait plus ta voile de poëte,
Si j'avais attendu que la barque fût prête.

Un jour, à mon réveil, sur le sombre élément,
Comme un oiseau de mer, les deux ailes au vent,
Si je la vois voguer dans ton sillon de gloire,
Si je chante pour elle un hymne de victoire,
C'est à toi que ces chants s'adresseront encor ;
Car, enfant, c'est aux sons de cette harpe d'or
Qui vibre sous ta main, que je prêtai l'oreille,
Et c'est ta sainte voix aujourd'hui qui m'éveille.

Ah ! si j'avais au cœur des sons assez puissants,
Dans quels divins transports, sous quels brûlants accents
Le monde qui t'écoute écouterait encore
Ce torrent de pensers que mon cœur élabore,
Qui se presse sur moi, qui brûle et bat mon sein,
Comme dans son clocher palpite le tocsin !
Tes vers, je les ai lus : non, j'ai voulu les lire ;
Mais, dès les premiers sons des élans de ta lyre,

J'ai senti remonter, de ce feuillet des cieux,
De ces larmes sans nom dans mon cœur et mes yeux ;
Et, comme le nuage obscurcirait l'étoile,
Ces pleurs se sont sur moi déroulés comme un voile.
Mais c'est la goutte d'eau du mystique arrosoir
Que le jardinier verse aux calices, le soir.
La fleur qui les reçoit, comme l'eau de la vie
Qu'un doux rayon du ciel sur l'étamine essuie,
De son rameau plié redresse, aux feux du jour,
Sa coupe débordant de parfums et d'amour.

ADIEUX DE SIR WALTER SCOTT

A SES LECTEURS

ADIEUX DE SIR WALTER SCOTT

A SES LECTEURS [1]

« Abbotsford, septembre 1831.

« Le lecteur sait que, selon toute apparence, ces contes sont les derniers que l'auteur soumettra au jugement du public. Il est maintenant à la veille de visiter des pays étrangers. Le roi son maître a bien voulu désigner un vaisseau de guerre pour transporter l'auteur de *Waverley* dans des climats où il puisse retrouver assez de santé pour revenir

[1] Ces *Adieux* se trouvent à la fin du dernier volume de la 4ᵉ série des *Contes de mon hôte*, contenant *Robert de Paris* et *le Château périlleux*, par sir Walter Scott.

ensuite achever doucement le fil de sa vie dans son pays natal. S'il avait continué ses travaux ordinaires, il est plus que probable qu'à l'âge où il est parvenu, le vase, pour employer le langage expressif de l'Écriture, se serait brisé à la fontaine; et celui qui a eu le bonheur d'obtenir une part peu commune du plus précieux des biens de ce monde est peu en droit de se plaindre que la vie, en approchant de son terme, ne soit pas exempte des troubles et des orages auxquels nul d'entre nous ne saurait échapper. Ils ne l'ont pas du moins affecté d'une manière plus pénible qu'il n'est inséparable de l'acquittement de cette partie de la dette de l'humanité. De ceux dont les rapports avec lui dans les rangs de la vie auraient pu lui assurer leur sympathie dans ses souffrances, beaucoup n'existent plus à présent; et ceux qui ont survécu avec lui sont en droit d'attendre, dans la manière dont il supportera des maux inévitables, un exemple de fermeté et de patience, surtout de la part d'un homme qui est loin d'avoir eu à se plaindre de son sort dans le cours de son pèlerinage.

» L'auteur de *Waverley* n'a pas d'expressions pour peindre la reconnaissance qu'il doit au public; mais peut-être lui sera-t-il permis d'espérer que, tel qu'il est, son esprit n'a pas vieilli plus vite que son corps, et qu'il pourra se présenter de nouveau à la bienveillance de ses amis, sinon dans son ancien genre de composition, du moins dans quelque branche de la littérature, sans donner lieu à la remarque que

« Trop longtemps le vieillard est resté sur la scène. »

RÉPONSE

AUX

ADIEUX DE SIR WALTER SCOTT

A SES LECTEURS

RÉPONSE

AUX

ADIEUX DE SIR WALTER SCOTT

A SES LECTEURS

ÉPITRE FAMILIÈRE

Au premier mille, hélas! de mon pèlerinage,
Temps où le cœur tout neuf voit tout à son image,
Où l'âme de seize ans, vierge de passions,
Demande à l'univers ses mille émotions ;
Le soir d'un jour de fête au golfe de Venise,
Seul, errant sans objet dans ma barque indécise,
Je suivais, mais de loin, sur la mer, un bateau
Dont les concerts flottants se répandaient sur l'eau :

Voguant de cap en cap, nageant de crique en crique,
La barque, balançant sa brise de musique,
Élevait, abaissait, modulait ses accords,
Que l'onde palpitante emportait à ses bords,
Et, selon que la plage était sourde ou sonore,
Mourait comme un soupir des mers qui s'évapore,
Ou, dans les antres creux réveillant mille échos,
Élançait jusqu'au ciel la fanfare des flots;
Et moi, penché sur l'onde, et l'oreille tendue,
Retenant sur les flots la rame suspendue,
Je frémissais de perdre un seul de ces accents,
Et le vent d'harmonie enivrait tous mes sens.

C'était un couple heureux d'amants unis la veille,
Promenant leur bonheur à l'heure où tout sommeille,
Et, pour mieux enchanter leurs fortunés moments,
Respirant l'air du golfe au son des instruments.
La fiancée, en jouant avec l'écume blanche
Qui de l'étroit esquif venait laver la hanche,
De son doigt dans la mer laissa tomber l'anneau;
Et, pour le ressaisir, son corps penché sur l'eau
Fit incliner le bord sous la vague qu'il rase.
La vague, comme une eau qui surmonte le vase,
Les couvrit: un seul cri retentit jusqu'au bord.
Tout était joie et chant; tout fut silence et mort.

Eh bien! ce que mon cœur éprouva dans cette heure
Où le chant s'engloutit dans l'humide demeure,
Je l'éprouve aujourd'hui, chantre mélodieux,
Aujourd'hui que j'entends les suprêmes adieux
De cette chère voix pendant quinze ans suivie.
Voluptueux oubli des peines de la vie,

Musique de l'esprit, brise des temps passés,
Dont nos soucis dormants étaient si bien bercés ;
Heures de solitude et de mélancolie,
Heures des nuits sans fin que le sommeil oublie,
Heures de triste attente, hélas! qu'il faut tromper,
Heures à la main vide et qu'il faut occuper,
Fantômes de l'esprit que l'ennui fait éclore,
Vides de la pensée où le cœur se dévore,
Le conteur a fini : vous n'aurez plus sa voix,
Et le temps va sur nous peser de tout son poids.

Ainsi tout a son terme, et tout cesse, et tout s'use.
A ce terrible aveu notre esprit se refuse :
Nous croyons en tournant les feuillets de nos jours
Que les pages sans fin en tourneront toujours ;
Nous croyons que cet arbre au dôme frais et sombre,
Dont nos jeunes amours cherchent la mousse et l'ombre,
Sous ses rameaux tendus doit éternellement
Balancer le zéphyr sur le front de l'amant ;
Nous croyons que ce flot qui court, murmure et brille,
Et du bateau bercé caresse en paix la quille,
Doit à jamais briller, murmurer et flotter,
Et sur sa molle écume à jamais nous porter ;
Nous croyons que le livre où notre âme se plonge,
Et comme en un sommeil nage de songe en songe,
Doit dérouler sans fin cette prose ou ces vers,
Horizons enchantés d'un magique univers :
Mensonges de l'esprit, illusion et ruse
Dont pour nous retenir ici-bas la vie use !
Hélas ! tout finit vite : encore un peu de temps,
L'arbre s'effeuille et sèche, et jaunit le printemps ;
La vague arrive en poudre à son dernier rivage,
L'âme à l'ennui, le livre à sa dernière page.

Mais pourquoi donc le tien se ferme-t-il avant
Que la mort ait fermé ton poëme vivant,
Homère de l'histoire à l'immense Odyssée,
Qui, répandant si loin ta féconde pensée,
Soulèves les vieux jours, leur rends l'âme et le corps,
Comme l'ombre d'un dieu qui ranime les morts?
Ta fibre est plus savante, et n'est pas moins sonore;
Tes jours n'ont pas atteint l'heure qui décolore,
Ton front n'a pas encor perdu ses cheveux gris,
Couronne dont la muse orne ses favoris,
Où, comme dans les pins de ta Calédonie,
La brise des vieux jours est pleine d'harmonie.
Mais, hélas! le poëte est homme par les sens,
Homme par la douleur! Tu le dis, tu le sens;
L'argile périssable où tant d'âme palpite
Se façonne plus belle et se brise plus vite;
Le nectar est divin, mais le vase est mortel :
C'est un Dieu dont le poids doit écraser l'autel,
C'est un souffle trop plein du soir ou de l'aurore
Qui fait chanter le vent dans un roseau sonore,
Mais qui, brisé du son, le jette au bord de l'eau
Comme un chaume séché battu sous le fléau.
O néant! ô nature! ô faiblesse suprême!
Humiliation pour notre grandeur même!
Main pesante dont Dieu nous courbe incessamment,
Pour nous prouver sa force et notre abaissement,
Pour nous dire et redire à jamais qui nous sommes,
Et pour nous écraser sous ce honteux nom d'hommes!
Je ne m'étonne pas que le bronze et l'airain
Cèdent leur vie au temps et fondent sous sa main;
Que les murs de granit, les colosses de pierre
De Thèbe et de Memphis fassent de la poussière;
Que Babylone rampe au niveau des déserts;
Que le roc de Calpé descende au choc des mers;

Et que les vents, pareils aux dents des boucs avides,
Écorcent jour à jour le tronc des Pyramides :
Des hommes et des jours ouvrages imparfaits,
Le temps peut les ronger, c'est lui qui les a faits ;
Leur dégradation n'est pas une ruine,
Et Dieu les aime autant en sable qu'en colline.
Mais qu'un esprit divin, souffle immatériel
Qui jaillit de Dieu seul comme l'éclair du ciel ;
Que le temps n'a point fait, que nul climat n'altère;
Qui ne doit rien au feu, rien à l'onde, à la terre;
Qui, plus il a compté de soleils et de jours,
Plus il se sent d'essor pour s'élancer toujours,
Plus il sent, au torrent de force qui l'enivre,
Qu'avoir vécu pour l'homme est sa raison de vivre ;
Qui colore le monde en le réfléchissant ;
Dont la pensée est l'être, et qui crée en pensant ;
Qui, donnant à son œuvre un rayon de sa flamme,
Fait tout sortir de rien et vivre de son âme,
Enfante avec un mot, comme fit Jéhova,
Se voit dans ce qu'il fait, s'applaudit, et dit : « Va! »
N'a ni soir ni matin, mais chaque jour s'éveille
Aussi jeune, aussi neuf, aussi dieu que la veille;
Que cet esprit captif dans les liens du corps
Sente en lui tout à coup défaillir ses ressorts,
Et, comme le mourant qui s'éteint, mais qui pense,
Mesure à son cadran sa propre décadence ;
Qu'il sente l'univers se dérober sous lui,
Levier divin qui sent manquer le point d'appui,
Aigle pris du vertige en son vol sur l'abîme,
Qui sent l'air s'affaisser sous son aile, et s'abîme :
Ah! voilà le néant que je ne comprends pas!
Voilà la mort, plus mort que la mort d'ici-bas!
Voilà la véritable et complète ruine!
Auguste et saint débris devant qui je m'incline,

Voilà ce qui fait honte ou ce qui fait frémir,
Gémissement que Job oublia de gémir!

Ton esprit a porté le poids de ce problème :
Sain dans un corps infirme, il se juge lui-même;
Tes organes vaincus parlent pour t'avertir;
Tu sens leur décadence, heureux de la sentir,
Heureux que la raison, te prêtant sa lumière,
T'arrête avant la chute au bord de la carrière!
Eh bien! ne rougis pas au moment de t'asseoir;
Laisse un long crépuscule à l'éclat de ton soir!
Notre tâche commence, et la tienne est finie :
C'est à nous maintenant d'embaumer ton génie.
Ah! si comme le tien mon génie était roi,
Si je pouvais d'un mot évoquer devant toi
Les fantômes divins dont ta plume féconde,
Des héros, des amants, a peuplé l'autre monde;
Les sites enchantés que ta main a décrits,
Paysages vivants dans la pensée écrits;
Les nobles sentiments s'élevant de tes pages
Comme autant de parfums des odorantes plages,
Et les hautes vertus que ton art fit germer,
Et les saints dévoûments que ta voix fait aimer :
Dans un cadre où ta vie entrerait tout entière,
Je les ferais jaillir tous devant ta paupière,
Je les concentrerais dans un brillant miroir,
Et dans un seul regard ton œil pourrait te voir.
Semblables à ces feux, dans la nuit éternelle,
Qui viennent saluer la main qui les appelle,
Je les ferais passer rayonnants devant toi;
Vaste création qui salûrait son roi!
Je les réunirais en couronne choisie,
Dont chaque fleur serait amour et poésie;

Et je te forcerais, toi qui veux la quitter,
A respirer ta gloire avant de la jeter!

Cette gloire sans tache et ces jours sans nuage
N'ont point pour ta mémoire à déchirer de page;
La main du tendre enfant peut t'ouvrir au hasard,
Sans qu'un mot corrupteur étonne son regard,
Sans que de tes tableaux la suave décence
Fasse rougir un front couronné d'innocence.
Sur la table du soir, dans la veillée admis,
La famille te compte au nombre des amis,
Se fie à ton honneur, et laisse sans scrupule
Passer de main en main le livre qui circule;
La vierge, en te lisant, qui ralentit son pas,
Si sa mère survient ne te dérobe pas,
Mais relit au grand jour le passage qu'elle aime,
Comme en face du ciel tu l'écrivis toi-même,
Et s'endort aussi pure après t'avoir fermé,
Mais de grâce et d'amour le cœur plus parfumé.
Un Dieu descend toujours pour dénouer ton drame;
Toujours la Providence y veille, et nous proclame
Cette justice occulte et ce divin ressort
Qui fait jouer le temps et gouverne le sort;
Dans les cent mille aspects de ta gloire infinie,
C'est toujours la raison qui guide ton génie.
Ce n'est pas du désert le cheval indompté
Traînant de Mazeppa le corps ensanglanté,
Et, comme le torrent tombant de cime en cime,
Précipitant son maître au trône ou dans l'abîme :
C'est le coursier de Job, fier, mais obéissant,
Faisant sonner du pied le sol retentissant,
Se fiant à ses flancs comme l'aigle à son aile,
Prêtant sa bouche au frein et son dos à la selle;

Puis, quand en quatre bonds le désert est franchi,
Jouant avec le mors que l'écume a blanchi,
Touchant sans le passer le but qu'on lui désigne,
Et sous la main qu'on tend courbant son cou de cygne.

Voilà l'homme, voilà le pontife immortel !
Pontife que Dieu fit pour parfumer l'autel,
Pour dérober au sphinx le mot de la nature,
Pour jeter son flambeau dans notre nuit obscure,
Et nous faire épeler, dans ses divins accents,
Ce grand livre du sort, dont lui seul a le sens.

Aussi dans ton repos, que ton heureux navire
Soit poussé par l'Eurus ou flatté du Zéphire,
Et, partout où la mer étend son vaste sein,
Flotte d'un ciel à l'autre aux deux bords du bassin ;
Ou que ton char, longeant la crête des montagnes,
Porte en bas ton regard sur nos tièdes campagnes :
Partout où ton œil voit, du pont de ton vaisseau,
Le phare ou le clocher sortir du bleu de l'eau,
Ou le môle blanchi par les flots d'une plage
Étendre en mer un bras de ville ou de village ;
Partout où ton regard voit au flanc des coteaux
Pyramider en noir les tours des vieux châteaux,
Ou flotter les vapeurs, haleines de nos villes,
Ou des plus humbles toits le soir rougir les tuiles,
Tu peux dire, en ouvrant ton cœur à l'amitié :
« Ici l'on essuîrait la poudre de mon pié,
Ici dans quelque cœur mon âme s'est versée,
Car tout un siècle pense et vit de ma pensée ! »
Il ne t'a rien manqué, pour égaler du front
Ces noms pour qui le temps n'a plus d'ombre et d'affront,

Ces noms majestueux que l'épopée élève
Comme une cime humaine au-dessus de la grève,
Que d'avoir concentré dans un seul monument
La puissance et l'effort de ton enfantement,
Et que d'avoir coulé tes divines statues
Dans le moule des vers, de rhythmes revêtues.
L'immortelle pensée a sa forme ici-bas,
Langue immortelle aussi, que l'homme n'use pas.
Tout ce qui sort de l'homme est rapide et fragile;
Mais le vers est de bronze, et la prose d'argile:
L'une, lorsque la brise et le soleil des jours
Et les mains du vulgaire ont palpé ses contours,
Sous la pluie et les vents croule et glisse en poussière,
S'évanouit en cendre, et périt tout entière;
L'autre passe éternelle avec les nations,
Se transmet d'âge en âge aux générations,
Résiste aux feux, à l'onde, et survit aux ruines;
Ou si la rouille attente à ses formes divines,
L'avenir, disputant ses fragments aux tombeaux,
Adore encor de l'œil ces sonores lambeaux.
Mais tout homme a trop peu de jours pour sa pensée:
La main sèche sur l'œuvre à peine commencée,
Notre bras n'atteint pas aussi loin que notre œil.
Soyons donc indulgents même pour notre orgueil.
Les monuments complets ne sont pas œuvre d'homme:
Un siècle les commence, un autre les consomme.
Encor, ces grands témoins de notre humanité
Accusent sa faiblesse et sa brièveté;
Nous y portons chacun le sable avec la foule.
Qu'importe, quand plus tard notre Babel s'écroule,
D'avoir porté nous-même à ces longs monuments
L'humble brique cachée au sein des fondements,
Ou la pierre sculptée où notre vain nom vive?
Notre nom est néant, quelque part qu'on l'inscrive.

Spectateur fatigué du grand spectacle humain,
Tu nous laisses pourtant dans un rude chemin.
Les nations n'ont plus ni barde ni prophète
Pour enchanter leur route et marcher à leur tête ;
Un tremblement de trône a secoué les rois,
Les chefs comptent par jour et les règnes par mois ;
Le souffle impétueux de l'humaine pensée,
Équinoxe brûlant dont l'âme est renversée,
Ne permet à personne, et pas même en espoir,
De se tenir debout au sommet du pouvoir ;
Mais, poussant tour à tour les plus forts sur la cime,
Les frappe de vertige et les jette à l'abîme.
En vain le monde invoque un sauveur, un appui,
Le temps, plus fort que nous, nous entraîne sous lui :
Lorsque la mer est basse, un enfant la gourmande ;
Mais tout homme est petit quand une époque est grande.
Regarde : citoyens, rois, soldat ou tribun,
Dieu met la main sur tous, et n'en choisit pas un ;
Et le pouvoir, rapide et brûlant météore,
En tombant sur nos fronts nous juge et nous dévore.
C'en est fait : la parole a soufflé sur les mers ;
Le chaos bout, et couve un second univers ;
Et pour le genre humain que le sceptre abandonne
Le salut est dans tous, et n'est plus dans personne.
A l'immense roulis d'un océan nouveau,
Aux oscillations du ciel et du vaisseau,
Aux gigantesques flots qui croulent sur nos têtes,
On sent que l'homme aussi double un cap des Tempêtes,
Et passe, sous la foudre et sous l'obscurité,
Le tropique orageux d'une autre humanité.

Aussi jamais les flots où l'éclair se rallume
N'ont jeté vers le ciel plus de bruit et d'écume.

Dans leurs gouffres béants englouti plus de mâts,
Porté l'homme plus haut pour le lancer plus bas,
Noyé plus de fortune, et sur plus de rivages
Poussé plus de débris et d'illustres naufrages :
Tous les royaumes veufs d'hommes-rois sont peuplés ;
Ils échangent entre eux leurs maîtres exilés.
J'ai vu l'ombre des Stuarts, veuve du triple empire,
Mendier le soleil et l'air qu'elle respire,
L'héritier de l'Europe et de Napoléon
Déshérité du monde et déchu de son nom,
De peur qu'un si grand nom, qui seul tient une histoire,
N'eût un trop frêle écho d'un si grand son de gloire.

Et toi-même, en montant au sommet de tes tours,
Tu peux voir le plus grand des débris de nos jours,
De leur soleil natal deux plantes orphelines
Du palais d'Édimbourg couronner les ruines !...
Ah! lorsque, s'échappant des fentes d'un tombeau,
Cette tige naissait sous un rayon plus beau ;
Quand la France, envoyant ses salves à l'Europe,
Annonçait son miracle aux flots de Parthénope ;
Quand moi-même d'un vers pressé de le bénir
Sur un fils du destin j'invoquais l'avenir,
Je ne me doutais pas qu'avec tant d'espérance
Le vent de la fortune, hélas! jouait d'avance,
Emportant tant de joie et tant de vœux dans l'air
Avec le bruit du bronze et son rapide éclair,
Et qu'avant que l'enfant pût manier ses armes,
Les bardes sur son sort n'auraient plus que des larmes !...
Des larmes? Non, leur lyre a de plus nobles voix !
Ah! s'il échappe au trône, écueil de tant de rois ;
Si, comme un nourrisson qu'on jette à la lionne,
A la rude infortune à nourrir Dieu le donne,

Ce sort ne vaut-il pas les berceaux triomphants?
Toujours l'ombre d'un trône est fatale aux enfants,
Toujours des Tigellins l'haleine empoisonnée
Tue avant le printemps les germes de l'année.
Qu'il grandisse au soleil, à l'air libre, aux autans;
Qu'il lutte sans cuirasse avec l'esprit du temps;
De quelque nom qu'amour, haine ou pitié le nomme,
Néant ou majesté, roi proscrit, qu'il soit homme!
D'un trône dévorant qu'il ne soit pas jaloux :
La puissance est au sort, nos vertus sont à nous.
Qu'il console à lui seul son errante famille :
Plus obscure est la nuit, et plus l'étoile y brille!
Et si, comme un timide et faible passager
Que l'on jette à la mer à l'heure du danger,
La liberté, prenant un enfant pour victime,
Le jette au gouffre ouvert pour refermer l'abîme,
Qu'il y tombe sans peur, qu'il y dorme innocent
De ce qu'un trône coûte à recrépir de sang;
Qu'il s'égale à son sort, au plus haut comme au pire;
Qu'il ne se pèse pas, enfant, contre un empire;
Qu'à l'humanité seule il résigne ses droits!
Jamais le sang du peuple a-t-il sacré les rois?

Mais adieu! D'un cœur plein l'eau déborde, et j'oublie
Que ta voile frissonne aux brises d'Italie,
Et t'enlève à la scène où s'agite le sort,
Comme l'aile du cygne à la vase du bord.
Vénérable vieillard, poursuis ton doux voyage!
Que le vent du midi dérobe à chaque plage
L'air vital de ces mers que tu vas respirer;
Que l'oranger s'effeuille, afin de t'enivrer;
Que dans chaque horizon ta paupière ravie
Boive avec la lumière une goutte de vie!

Si jamais sur ces mers, dont le doux souvenir
M'émeut comme un coursier lorsqu'il entend hennir,
Mon navire inconnu, glissant sous peu de voile,
Venait à rencontrer sous quelque heureuse étoile
Le dôme au triple pont qui berce ton repos,
Je jetterais de joie une autre bague aux flots ;
Mes yeux contempleraient ton large front d'Homère,
Palais des songes d'or, gouffre de la Chimère,
Où tout l'Océan entre et bouillonne en entrant,
Et d'où les flots sans fin sortent en murmurant,
Chaos où retentit ta parole profonde,
Et d'où tu fais jaillir les images du monde ;
J'inclinerais mon front sous ta puissante main,
Qui de joie et de pleurs pétrit le genre humain ;
J'emporterais dans l'œil la rayonnante image
D'un de ces hommes-siècle et qui nomment un âge ;
Mes lèvres garderaient le sel de tes discours,
Et je séparerais ce jour de tous mes jours,
Comme, au temps où d'en haut les célestes génies,
Prenant du voyageur les sandales bénies,
Marchaient dans nos sentiers, les voyageurs pieux
Dont l'apparition avait frappé les yeux,
Encor tout éblouis du rayon de lumière,
Marquaient du pied la place, y roulaient une pierre,
Pour conserver visible à leurs postérités
L'heure où l'homme de Dieu les avait visités.

LA MARSEILLAISE DE LA PAIX

LA MARSEILLAISE DE LA PAIX

RÉPONSE A M. BECKER

AUTEUR DU RHIN ALLEMAND

DÉDIÉE A M. DARGAUD

Roule libre et superbe entre tes larges rives,
Rhin, Nil de l'Occident, coupe des nations !
Et des peuples assis qui boivent tes eaux vives
Emporte les défis et les ambitions !

Il ne tachera plus le cristal de ton onde,
Le sang rouge du Franc, le sang bleu du Germain ;
Ils ne crouleront plus sous le caisson qui gronde,
Ces ponts qu'un peuple à l'autre étend comme une main !

Les bombes et l'obus, arc-en-ciel des batailles,
Ne viendront plus s'éteindre en sifflant sur tes bords;
L'enfant ne verra plus du haut de tes murailles
Flotter ces poitrails blonds qui perdent leurs entrailles,
    Ni sortir des flots ces bras morts!

Roule libre et limpide, en répétant l'image
De tes vieux forts verdis sous leurs lierres épais,
Qui froncent tes rochers, comme un dernier nuage
Fronce encor les sourcils sur un visage en paix.

Ces navires vivants dont la vapeur est l'âme
Déploîront sur ton cours la crinière du feu;
L'écume à coups pressés jaillira sous la rame,
La fumée en courant léchera ton ciel bleu.
Le chant des passagers, que ton doux roulis berce,
Des sept langues d'Europe étourdira tes flots,
Les uns tendant leurs mains avides de commerce,
Les autres allant voir, aux monts où Dieu te verse,
    Dans quel nid le fleuve est éclos.

Roule libre et béni! Ce Dieu qui fond la voûte
Où la main d'un enfant pourrait te contenir,
Ne grossit pas ainsi ta merveilleuse goutte
Pour diviser ses fils, mais pour les réunir!

Pourquoi nous disputer la montagne ou la plaine?
Notre tente est légère, un vent va l'enlever;
La table où nous rompons le pain est encor pleine,
Que la mort, par nos noms, nous dit de nous lever!

Quand le sillon finit, le soc le multiplie;
Aucun œil du soleil ne tarit les rayons;
Sous le flot des épis la terre inculte plie :
Le linceul, pour couvrir la race ensevelie,
    Manque-t-il donc aux nations?

Roule libre et splendide à travers nos ruines,
Fleuve des Goths, des Huns, des Gaulois, des Germains!
Charlemagne et César, campés sur tes collines,
T'ont bu sans t'épuiser dans le creux de leurs mains.

Et pourquoi nous haïr, et mettre entre les races
Ces bornes ou ces eaux qu'abhorre l'œil de Dieu?
De frontières au ciel voyons-nous quelques traces?
Sa voûte a-t-elle un mur, une borne, un milieu?
Nations, mot pompeux pour dire barbarie,
L'amour s'arrête-t-il où s'arrêtent vos pas?
Déchirez ces drapeaux ; une autre voix vous crie:
« L'égoïsme et la haine ont seuls une patrie ;
    La fraternité n'en a pas ! »

Roule libre et royal entre nous tous, ô fleuve !
Et ne t'informe pas, dans ton cours fécondant,
Si ceux que ton flot porte ou que ton urne abreuve
Regardent sur tes bords l'aurore où l'occident.

Ce ne sont plus des mers, des degrés, des rivières,
Qui bornent l'héritage entre l'humanité :
Les bornes des esprits sont leurs seules frontières;
Le monde en s'éclairant s'élève à l'unité.

Ma patrie est partout où rayonne la France,
Où son génie éclate aux regards éblouis!
Chacun est du climat de son intelligence;
Je suis concitoyen de toute âme qui pense :
    La vérité, c'est mon pays!

Roule libre et paisible entre ces fortes races
Dont ton flot frémissant trempa l'âme et l'acier;
Et que leur vieux courroux, dans le lit que tu traces,
Fonde au soleil du siècle avec l'eau du glacier!

Vivent les nobles fils de la grave Allemagne!
Le sang-froid de leur front couvre un foyer ardent;
Chevaliers tombés rois des mains de Charlemagne,
Leurs chefs sont les Nestors des conseils d'Occident:
Leur langue a les grands plis du manteau d'une reine,
La pensée y descend dans un vague profond;
Leur cœur sûr est semblable au puits de la sirène,
Où tout ce que l'on jette, amour, bienfait ou haine,
    Ne remonte jamais du fond.

Roule libre et fidèle entre tes nobles arches,
O fleuve féodal, calme mais indompté!
Verdis le sceptre aimé de tes rois patriarches :
Le joug que l'on choisit est encor liberté!

Et vivent ces essaims de la ruche de France,
Avant-garde de Dieu, qui devancent ses pas!
Comme des voyageurs qui vivent d'espérance,
Ils vont semant la terre, et ne moissonnent pas...

Le sol qu'ils ont touché germe fécond et libre ;
Ils sauvent sans salaire, ils blessent sans remord :
Fiers enfants, de leur cœur l'impatiente fibre
Est la corde de l'arc où toujours leur main vibre
  Pour lancer l'idée ou la mort !

Roule libre, et bénis ces deux sangs dans ta course ;
Souviens-toi pour eux tous de la main d'où tu sors !
L'aigle et le fier taureau boivent l'onde à ta source :
Que l'homme approche l'homme, et qu'il boive aux deux bords !

Amis, voyez là-bas ! — La terre est grande et plane !
L'Orient délaissé s'y déroule au soleil ;
L'espace y lasse en vain la lente caravane,
La solitude y dort son immense sommeil !
Là, des peuples taris ont laissé leurs lits vides ;
Là, d'empires poudreux les sillons sont couverts ;
Là, comme un stylet d'or, l'ombre des Pyramides
Mesure l'heure morte à des sables livides
  Sur le cadran nu des déserts !

Roule libre à la mer comme y roule l'Euphrate ;
Des artères du globe enlace le réseau,
Rends l'herbe et la toison à cette glèbe ingrate :
Que l'homme soit un peuple, et les fleuves une eau !

Débordement armé des nations trop pleines,
Au souffle de l'aurore envolés les premiers,
Jetons les blonds essaims des familles humaines
Autour des nœuds du cèdre et du tronc des palmiers !

Allons comme Joseph, comme ses onze frères,
Vers les limons du Nil que labourait Apis,
Trouvant de leurs sillons les moissons trop légères,
S'en allèrent jadis aux terres étrangères,
    Et revinrent courbés d'épis !

Roule libre, et descends des Alpes étoilées
L'arbre pyramidal pour en tailler nos mâts,
Et le chanvre et le lin de tes grasses vallées !
Tes sapins sont les ponts qui joignent les climats.

Allons-y, mais sans perdre un frère dans la marche ;
Sans vendre à l'oppresseur un peuple gémissant ;
Sans montrer au retour au Dieu du patriarche,
Au lieu d'un fils qu'il aime, une robe de sang !
Rapportons-en le blé, l'or, la laine et la soie,
Avec la liberté, fruit qui germe en tout lieu ;
Et tissons de repos, d'alliance et de joie
L'étendard sympathique où le monde déploie
    L'unité, ce blason de Dieu !...

Roule libre, et grossis tes ondes printanières,
Pour écumer d'ivresse autour de tes roseaux ;
Et que les sept couleurs qui teignent nos bannières,
Arc-en-ciel de la paix, serpentent dans tes eaux !

<small>Saint-Point, 28 mai 1841.</small>

A NÉMÉSIS

Le numéro de la *Némésis* du 3 juillet 1831 contient une satire aussi injuste qu'amère contre M. de Lamartine. On lui reproche l'usage le plus légitime des droits du citoyen, l'honorable candidature qu'il a acceptée dans le Nord et dans le Var; on semble lui interdire de prononcer le nom d'une liberté qu'il a aimée et chantée avant ses accusateurs. On lui reproche aussi d'avoir reçu de ses libraires le prix de ses ouvrages. Poëte attaqué par un poëte, il a cru devoir lui répondre dans sa langue, et il a écrit cette ode dans la chaleur de la lutte, le jour même de l'élection.

A NÉMÉSIS

Non, sous quelque drapeau que le barde se range,
La muse sert sa gloire et non ses passions !
Non, je n'ai pas coupé les ailes de cet ange.
Pour l'atteler hurlant au char des factions !
Non, je n'ai point couvert du masque populaire
Son front resplendissant des feux du saint parvis,
Ni pour fouetter et mordre, irritant sa colère,
  Changé ma muse en Némésis !

D'implacables serpents je ne l'ai point coiffée ;
Je ne l'ai pas menée une verge à la main,
Injuriant la gloire avec le luth d'Orphée,
Jeter des noms en proie au vulgaire inhumain.
Prostituant ses vers aux clameurs de la rue,
Je n'ai pas arraché la prêtresse au saint lieu :
A ses profanateurs je ne l'ai pas vendue,
  Comme Sion vendit son Dieu !

Non, non : je l'ai conduite au fond des solitudes,
Comme un amant jaloux d'une chaste beauté ;
J'ai gardé ses beaux pieds des atteintes trop rudes
Dont la terre eût blessé leur tendre nudité ;
J'ai couronné son front d'étoiles immortelles,
J'ai parfumé mon cœur pour lui faire un séjour,
Et je n'ai rien laissé s'abriter sous ses ailes
  Que la prière et que l'amour !

L'or pur que sous mes pas semait sa main prospère
N'a point payé la vigne ou le champ du potier ;
Il n'a point engraissé les sillons de mon père,
Ni les coffres jaloux d'un avide héritier :
Elle sait où du ciel ce divin denier tombe.
Tu peux sans le ternir me reprocher cet or !
D'autres bouches un jour te diront sur ma tombe
  Où fut enfoui mon trésor !

Je n'ai rien demandé que des chants à sa lyre,
Des soupirs pour une ombre, et des hymnes pour Dieu !
Puis, quand l'âge est venu m'enlever son délire,
J'ai dit à cette autre âme un trop précoce adieu :

« Quitte un cœur que le poids de la patrie accable !
Fuis nos villes de boue et notre âge de bruit !
Quand l'eau pure des lacs se mêle avec le sable,
　　Le cygne remonte et s'enfuit. »

Honte à qui peut chanter pendant que Rome brûle,
S'il n'a l'âme et la lyre et les yeux de Néron ;
Pendant que l'incendie en fleuve ardent circule
Des temples aux palais, du cirque au Panthéon !
Honte à qui peut chanter pendant que chaque femme
Sur le front de ses fils voit la mort ondoyer,
Que chaque citoyen regarde si la flamme
　　Dévore déjà son foyer !

Honte à qui peut chanter pendant que les sicaires
En secouant leur torche aiguisent leurs poignards,
Jettent les dieux proscrits aux rires populaires,
Ou traînent aux égouts les bustes des césars !
C'est l'heure de combattre avec l'arme qui reste ;
C'est l'heure de monter au rostre ensanglanté,
Et de défendre au moins de la voix et du geste
　　Rome, les dieux, la liberté !

La liberté ! ce mot dans ma bouche t'outrage ?
Tu crois qu'un sang d'ilote est assez pur pour moi,
Et que Dieu de ses dons fit un digne partage,
L'esclavage pour nous, la liberté pour toi ?
Tu crois que de Séjan le dédaigneux sourire
Est un prix assez noble aux cœurs tels que le mien,
Que le ciel m'a jeté la bassesse et la lyre,
　　A toi l'âme du citoyen ?

Tu crois que ce saint nom qui fait vibrer la terre,
Cet éternel soupir des généreux mortels -
Entre Caton et toi doit rester un mystère ;
Que la liberté monte à ses premiers autels?
Tu crois qu'elle rougit du chrétien qui l'épouse,
Et que nous adorons notre honte et nos fers,
Si nous n'adorons pas ta liberté jalouse
      Sur l'autel d'airain que tu sers?

Détrompe-toi, poëte, et permets-nous d'être hommes!
Nos mères nous ont faits tous du même limon!
La terre qui vous porte est la terre où nous sommes,
Les fibres de nos cœurs vibrent au même son!
Patrie et liberté, gloire, vertu, courage,
Quel pacte de ces biens m'a donc déshérité?
Quel jour ai-je vendu ma part de l'héritage,
      Ésaü de la liberté?

Va, n'attends pas de moi que je la sacrifie
Ni devant vos dédains ni devant le trépas!
Ton dieu n'est pas le mien, et je m'en glorifie :
J'en adore un plus grand, qui ne te maudit pas!
La liberté que j'aime est née avec notre âme,
Le jour où le plus juste a bravé le plus fort,
Le jour où Jéhovah dit au fils de la femme :
      « Choisis, des fers ou de la mort! »

Que ces tyrans divers dont la vertu se joue
Selon l'heure et les lieux s'appellent peuple ou roi,
Déshonorent la pourpre ou salissent la boue,
La honte qui les flatte est la même pour moi!

Qu'importe sous quel pied se courbe un front d'esclave?
Le joug d'or ou de fer n'en est pas moins honteux!
Des rois tu l'affrontas, des tribuns je le brave :
    Qui fut moins libre de nous deux?

Fais-nous ton dieu plus beau, si tu veux qu'on l'adore;
Ouvre un plus large seuil à ses cultes divers!
Repousse du parvis, que leur pied déshonore,
La vengeance et l'injure aux portes des enfers!
Écarte ces faux dieux de l'autel populaire,
Pour que le suppliant n'y soit pas insulté!
Sois la lyre vivante et non pas le Cerbère
    Du temple de la liberté!

Un jour, de nobles pleurs laveront ce délire;
Et ta main, étouffant le son qu'elle a tiré,
Plus juste arrachera des cordes de ta lyre
La corde injurieuse où la haine a vibré!
Mais moi j'aurai vidé la coupe d'amertume,
Sans que ma lèvre même en garde un souvenir;
Car mon âme est un feu qui brûle et qui parfume
    Ce qu'on jette pour la ternir.

HOMÈRE

HOMÈRE

Homère! A ce grand nom, du Pinde à l'Hellespont,
Les airs, les cieux, les flots, la terre, tout répond.
Monument d'un autre âge et d'une autre nature,
Homme, l'homme n'a plus le mot qui te mesure!
Son incrédule orgueil s'est lassé d'admirer,
Et, dans ton impuissance à te rien comparer,
Il te confond de loin avec ces fables même,
Nuages du passé qui couvrent ton poëme.
Cependant tu fus homme : on le sent à tes pleurs;
Un dieu n'eût pas si bien fait gémir nos douleurs!

Il faut que l'immortel qui touche ainsi notre âme
Ait sucé la pitié dans le lait d'une femme.
Mais dans ces premiers jours, où d'un limon moins vieux
La nature enfantait des monstres ou des dieux,
Le ciel t'avait créé, dans sa magnificence,
Comme un autre Océan, profond, sans rive, immense ;
Sympathique miroir qui, dans son sein flottant,
Sans altérer l'azur de son flot inconstant,
Réfléchit tour à tour les grâces de ses rives,
Les bergers poursuivant les nymphes fugitives,
L'astre qui dort au ciel, le mât brisé qui fuit,
Le vol de la tempête aux ailes de la nuit,
Ou les traits serpentants de la foudre qui gronde,
Rasant sa verte écume et s'éteignant dans l'onde !
Cependant l'univers, de tes traces rempli,
T'accueillit comme un dieu... par l'insulte et l'oubli !
On dit que, sur ces bords où règne ta mémoire,
Une lyre à la main tu mendiais ta gloire !...
Ta gloire ! Ah ! qu'ai-je dit ? Ce céleste flambeau
Ne fut aussi pour toi que l'astre du tombeau !
Tes rivaux, triomphant des malheurs de ta vie,
Plaçant entre elle et toi les ombres de l'envie,
Disputèrent encore à ton dernier regard
L'éclat de ce soleil qui se lève si tard.
La pierre du cercueil ne sut pas t'en défendre ;
Et, de ces vils serpents qui rongèrent ta cendre,
Sont nés, pour dévorer les restes d'un grand nom,
Pour souiller la vertu d'un éternel poison,
Ces insectes impurs, ces ténébreux reptiles,
Héritiers de la honte et du nom des Zoïles,
Qui, pareils à ces vers par la tombe nourris,
S'acharnent sur la gloire et vivent de mépris !
C'est la loi du destin, c'est le sort de tout âge :
Tant qu'il brille ici-bas, tout astre a son nuage.

Le bruit d'un nom fameux, de trop près entendu,
Ressemble aux sons heurtés de l'airain suspendu,
Qui, répandant sa voix dans les airs qu'il éveille,
Ébranle au loin le temple et tourmente l'oreille;
Mais qui, vibrant de loin, et d'échos en échos
Roulant ses sons éteints dans les bois, sur les flots,
Comme un céleste accent dans la vague soupire,
Dans l'oreille attentive avec mollesse expire,
Attendrit la pensée, élève l'âme aux cieux,
De ses accords sacrés charme l'homme pieux,
Et, tandis que le son lentement s'évapore,
Au bruit qu'il n'entend plus le fait rêver encore.

. . . .
. . . .

LA VIGNE ET LA MAISON

LA VIGNE ET LA MAISON

PSALMODIES DE L'AME

DIALOGUE ENTRE MON AME ET MOI

MOI.

Quel fardeau te pèse, ô mon âme!
Sur ce vieux lit des jours par l'ennui retourné,
Comme un fruit de douleurs qui pèse aux flancs de femme
Impatient de naître et pleurant d'être né?
La nuit tombe, ô mon âme! un peu de veille encore!
Ce coucher d'un soleil est d'un autre l'aurore.

Vois comme avec tes sens s'écroule ta prison!
Vois comme aux premiers vents de la précoce automne
Sur les bords de l'étang où le roseau frissonne,
S'envole brin à brin le duvet du chardon!
Vois comme de mon front la couronne est fragile!
Vois comme cet oiseau dont le nid est la tuile
Nous suit pour emporter à son frileux asile
Nos cheveux blancs pareils à la toison que file
La vieille femme assise au seuil de sa maison!

Dans un lointain qui fuit ma jeunesse recule,
Ma séve refroidie avec lenteur circule,
L'arbre quitte sa feuille et va nouer son fruit :
Ne presse pas ces jours qu'un autre doigt calcule,
Bénis plutôt ce Dieu qui place un crépuscule
Entre les bruits du soir et la paix de la nuit !
Moi qui par des concerts saluai ta naissance,
Moi qui te réveillai neuve à cette existence
Avec des chants de fête et des chants d'espérance,
Moi qui fis de ton cœur chanter chaque soupir,
Veux-tu que, remontant ma harpe qui sommeille,
Comme un David assis près d'un Saül qui veille,
  Je chante encor pour t'assoupir?

L'AME.

Non! Depuis qu'en ces lieux le temps m'oublia seule,
La terre m'apparaît vieille comme une aïeule
Qui pleure ses enfants sous ses robes de deuil.
Je n'aime des longs jours que l'heure des ténèbres,
Je n'écoute des chants que ces strophes funèbres
Que sanglote le prêtre en menant un cercueil.

MOI.

Pourtant le soir qui tombe a des langueurs sereines
Que la fin donne à tout, aux bonheurs comme aux peines ;
Le linceul même est tiède au cœur enseveli :
On a vidé ses yeux de ses dernières larmes,
L'âme à son désespoir trouve de tristes charmes
Et des bonheurs perdus se sauve dans l'oubli.

Cette heure a pour nos sens des impressions douces
Comme des pas muets qui marchent sur des mousses :
C'est l'amère douceur du baiser des adieux.
De l'air plus transparent le cristal est limpide,
Des monts vaporisés l'azur vague et liquide
    S'y fond avec l'azur des cieux.

Je ne sais quel lointain y baigne toute chose,
Ainsi que le regard l'oreille s'y repose,
On entend dans l'éther glisser le moindre vol ;
C'est le pied de l'oiseau sur le rameau qui penche,
Ou la chute d'un fruit détaché de la branche
    Qui tombe du poids sur le sol.

Aux premières lueurs de l'aurore frileuse,
On voit flotter ces fils dont la vierge fileuse
D'arbre en arbre au verger a tissé le réseau :
Blanche toison de l'air que la brume encor mouille,
Qui traîne sur nos pas, comme de la quenouille
    Un fil traîne après le fuseau.

Aux précaires tiédeurs de la trompeuse automne,
Dans l'oblique rayon le moucheron foisonne,
Prêt à mourir d'un souffle à son premier frisson ;
Et sur le seuil désert de la ruche engourdie,
Quelque abeille en retard qui sort et qui mendie,
Rentre lourde de miel dans sa chaude prison.

Viens, reconnais la place où ta vie était neuve,
N'as-tu point de douceur, dis-moi, pauvre âme veuve,
A remuer ici la cendre des jours morts,
A revoir ton arbuste et ta demeure vide,
Comme l'insecte ailé revoit sa chrysalide,
    Balayure qui fut son corps?

    Moi, le triste instinct m'y ramène :
    Rien n'a changé là que le temps ;
    Des lieux où notre œil se promène,
    Rien n'a fui que les habitants.

    Suis-moi du cœur pour voir encore,
    Sur la pente douce au midi,
    La vigne qui nous fit éclore
    Ramper sur le roc attiédi.

    Contemple la maison de pierre,
    Dont nos pas usèrent le seuil :
    Vois-la se vêtir de son lierre
    Comme d'un vêtement de deuil.

Écoute le cri des vendanges
Qui monte du pressoir voisin,
Vois les sentiers rocheux des granges
Rougis par le sang du raisin.

Regarde au pied du toit qui croule :
Voilà, près du figuier séché,
Le cep vivace qui s'enroule
A l'angle du mur ébréché !

L'hiver noircit sa rude écorce ;
Autour du banc rongé du ver,
Il contourne sa branche torse
Comme un serpent frappé du fer.

Autrefois, ses pampres sans nombre
S'entrelaçaient autour du puits,
Père et mère goûtaient son ombre,
Enfants, oiseaux, rongeaient ses fruits.

Il grimpait jusqu'à la fenêtre,
Il s'arrondissait en arceau ;
Il semble encor nous reconnaître
Comme un chien gardien d'un berceau.

Sur cette mousse des allées
Où rougit son pampre vermeil,
Un bouquet de feuilles gelées
Nous abrite encor du soleil.

Vives glaneuses de novembre,
Les grives, sur la grappe en deuil,
Ont oublié ces beaux grains d'ambre
Qu'enfant nous convoitions de l'œil.

Le rayon du soir la transperce
Comme un albâtre oriental,
Et le sucre d'or qu'elle verse
Y pend en larmes de cristal.

Sous ce cep de vigne qui t'aime,
O mon âme ! ne crois-tu pas
Te retrouver enfin toi-même,
Malgré l'absence et le trépas?

N'a-t-il pas pour toi le délice
Du brasier tiède et réchauffant
Qu'allume une vieille nourrice
Au foyer qui nous vit enfant?

Ou l'impression qui console
L'agneau tondu hors de saison,
Quand il sent sur sa laine folle
Repousser sa chaude toison?

L'AME.

Que me fait le coteau, le toit, la vigne aride?
Que me ferait le ciel, si le ciel était vide?

Je ne vois en ces lieux que ceux qui n'y sont pas !
Pourquoi ramènes-tu mes regrets sur leur trace ?
Des bonheurs disparus se rappeler la place,
C'est rouvrir des cercueils pour revoir des trépas !

I

Le mur est gris, la tuile est rousse,
L'hiver a rongé le ciment ;
Des pierres disjointes la mousse
Verdit l'humide fondement ;
Les gouttières, que rien n'essuie,
Laissent en rigoles de suie
S'égoutter le ciel pluvieux,
Traçant sur la vide demeure
Ces noirs sillons par où l'on pleure
Que les veuves ont sous les yeux ;

La porte, où file l'araignée
Qui n'entend plus le doux accueil,
Reste immobile et dédaignée
Et ne tourne plus sur son seuil ;
Les volets, que le moineau souille,
Détachés de leurs gonds de rouille,
Battent nuit et jour le granit ;
Les vitraux brisés par les grêles
Livrent aux vieilles hirondelles
Un libre passage à leur nid !

Leur gazouillement sur les dalles
Couvertes de duvets flottants
Est la seule voix de ces salles
Pleines des silences du temps.
De la solitaire demeure
Une ombre lourde d'heure en heure
Se détache sur le gazon :
Et cette ombre, couchée et morte,
Est la seule chose qui sorte
Tout le jour de cette maison !

II

Efface ce séjour, ô Dieu ! de ma paupière,
Ou rends-le-moi semblable à celui d'autrefois,
Quand la maison vibrait comme un grand cœur de pierre
De tous ces cœurs joyeux qui battaient sous ses toits !

A l'heure où la rosée au soleil s'évapore
Tous ces volets fermés s'ouvraient à sa chaleur,
Pour y laisser entrer, avec la tiède aurore,
Les nocturnes parfums de nos vignes en fleur.

On eût dit que ces murs respiraient comme un être
Des pampres réjouis la jeune exhalaison ;
La vie apparaissait rose, à chaque fenêtre,
Sous les beaux traits d'enfants nichés dans la maison.

Leurs blonds cheveux épars au souffle des campagnes,
Les filles, se passant leurs deux mains sur les yeux,
Jetaient des cris de joie à l'écho des montagnes,
Ou sur leurs seins naissants croisaient leurs doigts pieux.

La mère, de sa couche à ces doux bruits levée,
Sur ces fronts inégaux se penchait tour à tour,
Comme la poule heureuse assemble sa couvée,
Leur apprenant les mots qui bénissent le jour.

Moins de balbutiements sortent du nid sonore,
Quand, au rayon d'été qui vient la réveiller,
L'hirondelle, au plafond qui les abrite encore,
A ses petits sans plume apprend à gazouiller.

Et les bruits du foyer que l'aube fait renaître,
Les pas des serviteurs sur les degrés de bois,
Les aboîments du chien qui voit sortir son maître,
Le mendiant plaintif qui fait pleurer sa voix,

Montaient avec le jour; et, dans les intervalles,
Sous des doigts de quinze ans répétant leur leçon,
Les claviers résonnaient ainsi que des cigales
Qui font tinter l'oreille au temps de la moisson!

III

Puis ces bruits d'année en année
Baissèrent d'une vie, hélas! et d'une voix,
Une fenêtre en deuil, à l'ombre condamnée,
    Se ferma sous le bord des toits.

Printemps après printemps de belles fiancées
    Suivirent de chers ravisseurs,
Et, par la mère en pleurs sur le seuil embrassées,
    Partirent en baisant leurs sœurs.

Puis sortit un matin pour le champ où l'on pleure
    Le cercueil tardif de l'aïeul.
Puis un autre, et puis deux, et puis dans la demeure
    Un vieillard morne resta seul!

Puis la maison glissa sur la pente rapide
    Où le temps entasse les jours;
Puis la porte à jamais se ferma sur le vide,
    Et l'ortie envahit les cours!...

IV

. . . .
. . . .
. . . .
. . . .
. . . .
. . . .
. . . .
. . . .
. . . .
. . . .
. . . .

O famille ! ô mystère ! ô cœur de la nature !
Où l'amour dilaté dans toute créature
Se resserre en foyer pour couver des berceaux,
Goutte de sang puisée à l'artère du monde
Qui court de cœur en cœur toujours chaude et féconde,
Et qui se ramifie en éternels ruisseaux !

Chaleur du sein de mère où Dieu nous fit éclore,
Qui du duvet natal nous enveloppe encore
Quand le vent d'hiver siffle à la place des lits,
Arrière-goût du lait dont la femme nous sèvre,
Qui même en tarissant nous embaume la lèvre,
Étreinte de deux bras par l'amour amollis !

Premier rayon du ciel vu dans des yeux de femmes,
Premier foyer d'une âme où s'allument nos âmes,
Premiers bruits de baisers au cœur retentissants!
Adieux, retours, départs pour de lointaines rives,
Mémoire qui revient pendant les nuits pensives
A ce foyer des cœurs, univers des absents!

. . . .
. . . .
. . . .
. . . .
. . . .
. . . .
. . . .
. . . .
. . . .
. . . .

Ah! que tout fils dise anathème
A l'insensé qui vous blasphème!
Rêveur du groupe universel,
Qu'il embrasse, au lieu de sa mère,
Sa froide et stoïque chimère
Qui n'a ni cœur, ni lait, ni sel!

Du foyer proscrit volontaire,
Qu'il cherche en vain sur cette terre
Un père au visage attendri;
Que tout foyer lui soit de glace,
Et qu'il change à jamais de place
Sans qu'aucun lieu lui jette un cri!

Envieux du champ de famille,
Que, pareil au frelon qui pille
L'humble ruche adossée au mur,
Il maudisse la loi divine
Qui donne un sol à la racine
Pour multiplier le fruit mûr !

Que sur l'herbe des cimetières
Il foule, indifférent, les pierres
Sans savoir laquelle prier !
Qu'il réponde au nom qui le nomme
Sans savoir s'il est né d'un homme
Ou s'il est fils d'un meurtrier !...

V

Dieu ! qui révèle aux cœurs mieux qu'à l'intelligence !
Resserre autour de nous, faits de joie et de pleurs,
Ces groupes rétrécis où de ta providence
Dans la chaleur du sang nous sentons les chaleurs ;

Où, sous la porte bien close,
La jeune nichée éclose
Des saintetés de l'amour,
Passe du lait de la mère
Au pain savoureux qu'un père
Pétrit des sueurs du jour ;

  Où ces beaux fronts de famille,
  Penchés sur l'âtre et l'aiguille,
  Prolongent leurs soirs pieux :
  O soirs! ô douces veillées
  Dont les images mouillées
  Flottent dans l'eau de nos yeux!

Oui, je vous revois tous, et toutes, âmes mortes!
O chers essaims groupés aux fenêtres, aux portes!
Les bras tendus vers vous, je crois vous ressaisir,
Comme on croit dans les eaux embrasser des visages
Dont le miroir trompeur réfléchit les images,
Mais glace le baiser aux lèvres du désir.

Toi qui fis la mémoire, est-ce pour qu'on oublie?...
Non, c'est pour rendre au temps à la fin tous ses jours,
Pour faire confluer, là-bas, en un seul cours
Le passé, l'avenir, ces deux moitiés de vie
Dont l'une dit jamais et l'autre dit toujours.

 passé, doux Éden dont notre âme est sortie,
De notre éternité ne fait-il pas partie?
Où le temps a cessé tout n'est-il pas présent?
Dans l'immuable sein qui contiendra nos âmes
Ne rejoindrons-nous pas tout ce que nous aimâmes
  Au foyer qui n'a plus d'absent?

Toi qui formas ces nids rembourrés de tendresses
Où la nichée humaine est chaude de caresses,
  Est-ce pour en faire un cercueil ?
N'as-tu pas dans un pan de tes globes sans nombre
Une pente au soleil, une vallée à l'ombre
  Pour y rebâtir ce doux seuil ?

Non plus grand, non plus beau, mais pareil, mais le même,
Où l'instinct serre un cœur contre les cœurs qu'il aime,
Où le chaume et la tuile abritent tout l'essaim,
Où le père gouverne, où la mère aime et prie,
Où dans ses petits-fils l'aïeule est réjouie
  De voir multiplier son sein.

Toi qui permets, ô Père ! aux pauvres hirondelles
De fuir sous d'autres cieux la saison des frimas,
N'as-tu donc pas aussi pour tes petits sans ailes
D'autres toits préparés dans tes divins climats ?
O douce Providence ! ô mère de famille
Dont l'immense foyer de tant d'enfants fourmille,
Et qui les vois pleurer souriante au milieu,
Souviens-toi, cœur du ciel, que la terre est ta fille
  Et que l'homme est parent de Dieu !

MOI.

Pendant que l'âme oubliait l'heure
Si courte dans cette saison,
L'ombre de la chère demeure
S'allongeait sur le froid gazon ;

Mais de cette ombre sur la mousse
L'impression funèbre et douce
Me consolait d'y pleurer seul,
Il me semblait qu'une main d'ange
De mon berceau prenait un lange
Pour m'en faire un sacré linceul !

AU COMTE D'ORSAY

AU COMTE D'ORSAY

Quand le bronze, écumant dans ton moule d'argile,
Léguera par ta main mon image fragile
A l'œil indifférent des hommes qui naîtront,
Et que, passant leurs doigts dans ces tempes ridées
Comme un lit dévasté du torrent des idées,
Pleins de doute, ils diront entre eux : de qui ce front?

Est-ce un soldat debout frappé pour la patrie?
Un poëte qui chante, un pontife qui prie?

Un orateur qui parle aux flots séditieux ?
Est-ce un tribun de paix soulevé par la houle,
Offrant, le cœur gonflé, sa poitrine à la foule,
Pour que la liberté remontât pure aux cieux ?

Car dans ce pied qui lutte et dans ce front qui vibre,
Dans ces lèvres de feu qu'entr'ouvre un souffle libre,
Dans ce cœur qui bondit, dans ce geste serein,
Dans cette arche du flanc que l'extase soulève,
Dans ce bras qui commande et dans cet œil qui rêve,
Phidias a pétri sept âmes dans l'airain !

Sept âmes, Phidias ! et je n'en ai plus une !
De tout ce qui vécut je subis la fortune,
Arme cent fois brisée entre les mains du temps,
Je sème de tronçons ma route vers la tombe,
Et le siècle hébété dit : « Voyez comme tombe
» A moitié du combat chacun des combattants !

» Celui-là chanta Dieu, les idoles le tuent !
» Au mépris des petits les grands le prostituent.
» Notre sang, disent-ils, pourquoi l'épargnas-tu ?
» Nous en aurions taché la griffe populaire !...
» Et le lion couché lui dit avec colère :
» Pourquoi m'as-tu calmé ? ma force est ma vertu ! »

Va, brise, ô Phidias, ta dangereuse épreuve ;
Jettes-en les débris dans le feu, dans le fleuve,

De peur qu'un faible cœur, de doute confondu,
Ne dise en contemplant ces affronts sur ma joue :
« Laissons aller le monde à son courant de bouc, »
Et que faute d'un cœur, un siècle soit perdu !

Oui, brise, ô Phidias !... Dérobe ce visage
A la postérité, qui ballotte une image
De l'Olympe à l'égout, de la gloire à l'oubli ;
Au pilori du temps n'expose pas mon ombre !..
Je suis las des soleils, laisse mon urne à l'ombre :
Le bonheur de la mort, c'est d'être enseveli.

Que la feuille d'hiver au vent des nuits semée,
Que du coteau natal l'argile encore aimée,
Couvrent vite mon front moulé sous son linceul,
Je ne veux de vos bruits qu'un souffle dans la brise,
Un nom inachevé dans un cœur qui se brise !
J'ai vécu pour la foule, et je veux dormir seul.

CANTIQUE

SUR LE TORRENT DE TUISY

PRÈS DE BELLEY

CANTIQUE

SUR LE TORRENT DE TUISY

PRÈS DE BELLEY

I

Qu'as-tu donc vu là-haut, torrent suant d'écume,
Pour reculer d'effroi comme un coursier rétif,
Pour te cabrer d'horreur dans le ravin qui fume,
Pour te briser hurlant de récif en récif?
   Tes bonds, tes secousses,
   Les cris que tu pousses
   Dans leur nid de mousses

Font peur aux oiseaux.
La mère, qui tremble,
Aux branches du *tremble*,
Appelle et rassemble
Ses petits, tout trempés de la poudre des eaux !

II

L'aigle seul, assez fort pour lutter avec l'onde,
Se précipite en bas du sommet du rocher ;
Il se rit de ta peur, il te brave, il te sonde,
Il remonte, il descend comme un hardi nocher.
  Son aile intrépide
  Bat le roc humide,
  Se renverse, et ride
  Ton flot, qui s'enfuit ;
  L'abîme répète
  Le cri qu'il te jette ;
  Son duvet reflète
L'éclair de son soleil, qu'il porte dans ta nuit !

III

As-tu donc vu là-haut ton Dieu dans le nuage,
Torrent épouvanté, pour te sauver ainsi ?
Du Jéhovah des eaux as-tu vu le visage ?
Du froid de ses frissons es-tu resté transi ?
  Fuis ! c'est ton maître et ton juge ;
  Fuis ! c'est le Dieu sans refuge

Qui sécha l'eau du déluge,
Qui refoula le Jourdain ;
Qui, pour ouvrir une route
A son peuple ingrat qui doute,
Prit la mer, et la tint toute
Un jour au creux de sa main !

IV

Tu n'es qu'un élément, mais moi, je suis un homme !
Tu fuis, et moi j'adore, ô stupide torrent !
Quoi ! tu ne sais donc pas le nom dont il se nomme ?
Quoi ! tu ne lis donc pas dans ton flot transparent ?
Moi, je le lis sans nuages
Dans le livre à mille pages
Que la nature et les âges
Déroulent incessamment ;
Dans les syllabes divines
Qui luisent sur les collines,
Majuscules cristallines
Dont l'étoile l'imprime au bleu du firmament.

V

Ah ! si tu le savais, flot sans yeux et sans âme,
Tu ne t'enfuirais pas avec ces cris d'horreur,
Tu ne te fondrais pas comme l'eau sur la flamme,
Tu ne remplirais pas ces rocs de ta terreur !

Tu courrais, de cime en cime,
De sa gloire grandir l'hymne ;
Tu t'étendrais dans l'abîme
Comme un limpide miroir ;
Et ses anges sur leur plume
Lui feraient monter ta brume
Comme l'encens qu'on allume
Monte en sentant le feu du creux de l'encensoir.

VI

Et des petits oiseaux l'harmonieuse troupe
Aux soupirs de tes bords viendrait s'unir en chœur,
Boirait ta goutte d'eau comme dans une coupe,
Et riderait ton sein d'un battement de cœur.
Ton écume vagabonde,
Le limon, la feuille immonde,
Qui roulent avec ton onde,
Ne terniraient plus tes flots ;
Las de ta fuite insensée,
Ta vague, en sa main bercée,
Serait, comme ma pensée,
Tout lumière au dehors, au dedans tout repos !

VII

Et les enfants viendraient, penchés sur tes eaux vives,
Regarder ce que Dieu sous la vague accomplit,

Et le sacré vieillard qui me guide à tes rives
S'assoirait pour prier sur les fleurs de ton lit,
  Et de ses saisons passées
  Les images retracées
  Feraient jouer ses pensées
  Autour de ses cheveux blancs,
  Comme, quand l'hiver assiége
  Le chaume qui les protége,
  On voit dehors, sur la neige,
Au seuil de leurs maisons jouer de blonds enfants!

VIII

Mais tu ne me réponds que par des coups de foudre;
Tu ne fais que du vent, de l'écume et du bruit;
Ton flot semble pressé de se réduire en poudre
Et d'échapper au vent dont l'aile te poursuit!
  Cours donc où va le tonnerre,
  Et le tremblement de terre,
  Et l'aigle échappé de l'aire,
  Et le coursier qui dit : Va!
  Toutes choses insensées,
  Par un vague instinct chassées,
  Et qui semblent si pressées
  D'échapper à Jéhova!

IX

Mais moi, l'enfant du Père, et que ce nom rassure,
Je m'y sens attiré d'un invincible aimant.
Ce nom chante pour moi dans toute la nature,
Et mon cœur sans repos le sait même en dormant.
   Ainsi, fatigué de veille,
   L'enfant de chœur, qui sommeille,
   Du cierge, qu'ourdit l'abeille,
   Laisse vaciller le feu;
   Sur le parvis qu'il traverse,
   En dormant sa main le berce:
   La torche en vain se renverse;
La flamme se redresse et monte encore à Dieu!

LA ROSE FANÉE

LA ROSE FANÉE

Es-tu tombée au vent qui fait plier la tige,
    O rose qui meurs sur mon sein?
Du tendre rossignol qui sur les fleurs voltige
    Es-tu le nocturne larcin?

Non, d'une robe, au bal, tu tombas de toi-même
    Sous les pas distraits des danseurs,
Dans une nuit d'ivresse, ô triste et pâle emblème
    De ces fleurs vivantes, tes sœurs!

Ils foulèrent aux pieds la fleur venant de naître,
  Et la danseuse avec dédain,
Se courbant, te jeta pâle par la fenêtre,
  Comme un vil débris du jardin.

Mais moi, glaneur d'épis brisés près de la gerbe,
  Je te recueillis sur mon cœur,
Pour chercher sous ta feuille, ô fleur morte sur l'herbe,
  Une autre ivresse que l'odeur!

Ah! repose à jamais dans ce sein qui t'abrite,
  Rose qui mourus sous ses pas,
Et compte sur ce cœur combien de fois palpite
  Un rêve qui ne mourra pas!

LA FILLE DU PÊCHEUR

COMMENTAIRE

J'ai dit, dans les demi-confidences de première jeunesse, que, pendant notre séjour dans l'île d'Ischia, j'écrivais de temps en temps des vers mentalement adressés à la charmante fille du pêcheur, bien qu'elle ignorât ce que c'était que des vers et dans quelle langue ces vers étaient écrits.

La Fille du pêcheur est une de ces élégies que j'esquissai au crayon sous le figuier et sous la treille dorée par le soleil de l'île; on y retrouvera, à travers les réminiscences grecques de Théocrite et d'Anacréon, quelque pressentiment d'André Chénier, mais avant que la muse d'André Chénier eût pleuré, et quand elle jouait encore sur le sable de la mer d'Ionie avec les bas-reliefs et les débris des Vénus grecques roulés par les flots.

LA FILLE DU PÊCHEUR

I

Quand ton front brun fléchit sous la cruche à deux anses
Où tu rapportes l'eau du puits pour le gazon;
Quand la nuit, aux lueurs de la lune, tu danses
Sur le toit aplati de la blanche maison,
Et que ton frère enfant, pour marquer la cadence,
Pinçant d'un ongle aigu les cordes de laiton,
Fait gronder la guitare ainsi qu'un hanneton,
Jeune fille aux longs yeux, sais-tu ce que je pense?

II

L'autre jour je te vis (tu ne me voyais pas);
Tu portais sur ton front ta cruche toute pleine;
Son poids de tes pieds nus rapetissait les pas,
Et la pente escarpée essoufflait ton haleine.
Un vieillard en sueur montait par le chemin
(Un frère mendiant qui glane sur la terre);
Il rapportait le pain et l'huile au monastère.
Il s'approcha de toi, son rosaire à la main;
Toi tu compris sa soif et t'arrêtas soudain.
Jeune fille aux longs yeux, sais-tu ce que je pense?

III

Avant qu'il eût parlé tu lisais sa requête;
Tu levas tes deux bras, anses de ton beau corps;
Tu descendis la cruche au niveau de sa tête,
Et du vase incliné tu lui tendis les bords.
Il y but à longs traits, en relevant sa manche.
Il regardait ton front de honte coloré,
Et l'eau que le bouquet de tamarisque étanche
Ruisselait de sa lèvre et de sa barbe blanche,
Comme à travers les joncs s'égoutte l'eau d'un pré.
Jeune fille aux longs yeux, sais-tu ce que je pense?

IV

Moi, cependant, caché par la vigne et l'érable,
Je regardais, muet, la scène d'Orient,
L'ombre que ce beau groupe allongeait sur le sable,
Ton visage confus, le vieillard souriant;
Il te donna, pour prix de ta cruche d'eau pure,
Un chapelet de grains colorés de carmin,
Une croix de laiton, qui battait sa ceinture;
Et toi, courbant ton cou sous sa manche de bure,
Tu plias les genoux et tu baisas sa main.
Jeune fille aux longs yeux, sais-tu ce que je pense?

V

Je retenais de peur mon haleine insensible;
Je pensais voir en toi sous ces cieux éclatants
Une apparition d'Homère et de la Bible :
La Jeunesse au cœur d'or faisant l'aumône au Temps!
Ou quelque parabole empreinte d'Évangile,
La Charité, dont l'âme est l'unique joyau,
Au Dieu qui du même œil voit l'opale ou l'argile
Donnant mille trésors dans une goutte d'eau!...
Jeune fille aux longs yeux, sais-tu ce que je pense?

VI

Ah! que ne suis-je né pêcheur comme ton frère?
Que n'ai-je eu pour berceau ces récifs inconnus;
Pour berceuse la mer dont l'écume légère
Trempe ce sable tiède où plongent tes pieds nus?
Que n'ai-je eu pour jouet et pour seul héritage
La barque, l'aviron, la mer creuse, et la plage
Où le soir, quand la proue accoste le rivage,
Le filet, tout gonflé d'écaille au jour changeant,
Tombe lourd sur la grève, avec un son d'argent!
Jeune fille aux longs yeux, sais-tu ce que je pense?

VII

Sans sonder l'horizon qui s'enfuit sous la brume,
Sans rêver au delà je ne sais quel grand sort,
Dans ton île, au soleil tout enceinte d'écume,
Aucun de mes désirs n'en passerait le bord.
N'est-ce donc pas assez, belle enfant de ces treilles,
De te voir tous les jours, et puis de te revoir
Tantôt suçant tes doigts de l'ambre des abeilles,
Tantôt cousant la voile, ou tressant les corbeilles
Pour porter à deux mains la feuille au chevreau noir?
Jeune fille aux longs yeux, sais-tu ce que je pense?

VIII

Ou bien sous le figuier, de son sucre prodigue,
Assise sur le toit entre l'ombre et le fruit,
Éplucher en automne et retourner la figue
Que le vent de mer sale et que le soleil cuit?
Ou quand le grand filet, fatigué par la pêche,
S'étend d'un arbre à l'autre et sur la grève sèche,
Jeune Parque tenant le fil et le ciseau,
Pour renouer la maille où l'écueil a fait brèche,
Entrevue à demi derrière ce réseau,
Passer et repasser comme une ombre sous l'eau?
Jeune fille aux longs yeux, sais-tu ce que je pense?

IX

Ou sur le bord moussu de la fontaine obscure
T'asseoir, te croyant seule, à la fin du soleil,
Comme un moineau son cou, lisser ta chevelure,
Dans tes petites mains prendre ton pied vermeil,
En laver d'un bain froid la blessure amortie,
Arracher de la peau l'épine des cactus,
Ou le dard de l'abeille, ou la dent de l'ortie,
Et d'une gouttelette avec elle sortie
Teindre d'un peu de sang la fleur d'or du lotus?
Jeune fille aux longs yeux, sais-tu ce que je pense?

X

Sous la grotte où jaillit le seul ruisseau d'eau douce
Une figure en marbre est taillée au ciseau,
Vierge ou nymphe, on ne sait; de sa conque de mousse
Un triton sur ses pieds verse une nappe d'eau;
Dans l'une de ses mains un petit poisson joue;
Dans l'autre un coquillage, enfant du bord amer,
Tout près de son oreille est collé sur sa joue
Comme pour lui chanter les chansons de la mer.
Jeune fille aux longs yeux, sais-tu ce que je pense?

XI

De lichens et de joncs sordidement vêtue,
De ses habits mouillés le flot s'égoutte en vain;
Dans ses haillons verdis la charmante statue
Sous l'outrage du sort conserve un front divin,
Le filet de cristal que sa robe distille
Abreuve le pasteur, l'enfant, le matelot,
Fait boire l'oranger dans les ravins de l'île,
Et, quand il a rempli mille cruches d'argile,
Va jusque dans la mer se perdre à petit flot.
Jeune fille aux longs yeux, sais-tu ce que je pense?

XII

Eh bien! je crois te voir dans cet humble symbole,
Toi, source de mon cœur!... Quand tes filets pliés
Dégouttent d'eau de mer sur ton bras, où les colle
L'écume du récif qui te blanchit les piés;
Ou bien quand tes cheveux, que la lame épouvante,
Battant ta maigre épaule, aiment à s'y jouer
Avec le flot qui monte, avec la mer qui vente,
Et que, tes bras levés, comme une urne vivante,
Tes deux mains à ton front veulent les renouer!
Jeune fille aux longs yeux, c'est à toi que je pense!

LE ROSSIGNOL

COMMENTAIRE

J'ai conservé par hasard et j'ai retrouvé récemment, au fond d'une vieille malle pleine de papiers à demi rongés des rats dans le grenier de mon père, quelques vers au Rossignol, que je ne me souvenais pas d'avoir composés autrefois; mais l'écriture à peine formée, le papier jaune et raboteux du collége attestent bien que ces vers furent un des premiers jeux de mon imagination. Je vous demande indulgence pour les rimes et pour les césures; mais j'y découvre déjà le germe de la mélancolie, cet infini du cœur, qui, ne pouvant pas s'assouvir, s'attriste.

LE ROSSIGNOL

Que dis-tu donc à la lune,
Pauvre oiseau qui ne dors pas?
Cesse ta plainte importune;
Silence, ou gémis plus bas.

Tu vois bien qu'elle n'écoute
Ni la cascade, ni toi,
Et qu'elle poursuit sa route
Sans te répondre; mais moi,

De la fenêtre où je veille,
Tout pensif, à tes accords,
Pendant qu'ici tout sommeille,
Mon âme s'enfuit dehors.

Ah! si j'avais donc tes ailes,
O mon cher petit oiseau!
Je sais bien où tu m'appelles,
Mais regarde ces barreaux!...

Je crois que mes sœurs absentes
T'ont dit là-bas leur secret,
Et que les airs que tu chantes
Sont tristes de leurs regrets.

Ah! dis-moi de leurs nouvelles,
Gris messager de la nuit;
Sous l'églantier rose ont-elles,
Au printemps, trouvé ton nid?

Ont-elles penché leur tête
Et jeté leurs cris joyeux
En voyant, tout inquiète,
Ta femelle sur ses œufs?...

Ont-elles épié l'heure
Où tes petits sont éclos,
Tout près de notre demeure,
Pour jouir de tes sanglots?

Dis-moi si tu les vois toutes
Folâtrer, comme jadis,
Dans l'herbe où tu bois les gouttes
Qui tombent du paradis.

Dis-moi si le sycomore
Prend ses feuilles de printemps;
Si ma mère y vient encore
Garder ses jolis enfants;

Si sa voix, qui les appelle
A des accents aussi doux;
Si la plus petite épelle
Le livre sur ses genoux;

Si sa harpe dans la salle
Fait toujours, à l'unisson,
Tinter, comme une cigale,
Les vitres de la maison;

Si la source où tu te penches,
Pour boire avant le matin
Dans le bassin des pervenches,
Jette un sanglot argentin;-

Si ma mère, qui l'écoute,
En retenant mal ses pleurs,
De ses yeux mêle une goutte
A l'eau qui pleut sur ses fleurs;

Et si ma sœur la plus chère,
En regardant le ruisseau,
Voit l'image de son frère
Passer en rêve avec l'eau.

A MADEMOISELLE DELPHINE GAY

A MADEMOISELLE DELPHINE GAY [1]

Saint-Point, 29 juillet 1829.

Celui qui voit briller ces Alpes, d'où l'aurore,
Comme un aigle, prenant son vol du haut des monts,
D'une aile étincelante ouvre les cieux, et dore
    Les neiges de leurs fronts ;

Celui-là, l'œil frappé de ces hauteurs sublimes,
Croit que ces monts glacés qu'il admire et qu'il fuit
Ne sont qu'affreux déserts, rochers, torrents, abîmes,
    Foudres, tempête et bruit.

[1] Depuis madame Émile de Girardin.

« Mesurons-les de loin, » dit-il. Mais si sa route
Le conduit jusqu'aux flancs d'où pendent leurs forêts,
S'il pénètre au vain bruit de leurs eaux, qu'il écoute
    Dans leurs vallons secrets ;

Il y trouve, ravi, des solitudes vertes
Dont l'agneau broute en paix le tapis velouté,
Des vergers pleins de dons, des chaumières ouvertes
    A l'hospitalité ;

Des sources sous le hêtre ainsi que dans la plaine,
De frais ruisseaux dont l'œil aime à suivre les bonds,
De l'ombre, des rayons, des brises dont l'haleine
    Plie à peine les joncs ;

Des coteaux aux flancs d'or, de limpides vallées,
Et des lacs étoilés des feux du firmament,
Dont les vagues d'azur et de saphir mêlées
    Se bercent doucement.

Il entend ces doux bruits de voix qui se répondent,
De murmures du soir qui montent des hameaux,
De cloches des troupeaux, de chants qui se confondent
    Aux sons des chalumeaux.

Marchant sur des tapis d'herbe en fleurs et de mousses :
« Ah ! dit-il, que ces lieux me gardent à jamais !
La nature a caché ses grâces les plus douces
    Sous ses plus hauts sommets. »

Ainsi les noms qu'au ciel la renommée élève,
De leur éclat lointain semblent nous consumer ;
Jalouse de ses dons, la gloire leur enlève
    Tout ce qui laisse aimer.

Ainsi quand je te vis, jeune et belle victime
Qu'un génie éclatant choisit pour son malheur,
Je cherchai sur ton front le rayon qui t'anime,
    Et je fermai mon cœur.

Mais un jour (c'était l'heure où le soin du ménage
Retient la jeune fille à son foyer pieux,
Où l'on n'a pas encor composé son visage
    Pour l'œil des envieux).

J'entrai comme un ami qui vient avec l'aurore
Solliciter sans bruit la porte d'un ami,
Qui l'entr'ouvre, et, du seuil que son pied touche encore,
    Demande : « A-t-il dormi ? »

Les meubles dispersés dans la salle nocturne,
La lampe qui fumait, oubliée au soleil,
Étalaient ce désordre, emblème taciturne
    D'une nuit sans sommeil.

Des harpes et des chants, souvenirs d'une fête,
Des livres échappés à des doigts assoupis,
Et des feuilles de fleurs qui couronnaient ta tête,
    Y jonchaient les tapis.

La veille avait flétri de ta blanche parure
Les longs plis qu'à ton sein le nœud pressait encor,
Et tes cheveux cendrés jusques à ta ceinture
    Roulaient leurs ondes d'or.

Ton visage était pâle ; une sombre pensée
De ton front incliné lentement s'effaçait,
Et dans ta froide main ta main entrelacée
    Sur tes genoux glissait.

Au bord de tes yeux bleus tremblaient deux larmes pures :
La pervenche à ses fleurs ainsi voit s'étancher
Deux perles de la nuit, que des feuilles obscures
    Empêchent de sécher.

Sur tes lèvres collé, ton doigt disait : « Silence ! »
Car l'enfant de ta sœur dormait dans son berceau,
Et ton pied suspendu le berçait en cadence
    Sous son mobile arceau.

La mort avait jeté son ombre passagère
Sur cette jeune couche ; et dans ton œil troublé,
Dans ton sein virginal, tout le cœur d'une mère
    D'avance avait parlé,

Et tu pleurais de joie, et tu tremblais de crainte ;
Et quand un seul soupir trahissait le réveil,
Tu chantais au berceau l'amoureuse complainte
    Qui le force au sommeil.

Ah ! qu'un autre te voie, enfant de l'harmonie,
Trouvant que sur les cœurs un empire est trop peu,
Lancer d'un seul regard l'amour et le génie,
    La lumière et le feu !

Qu'il t'écoute chanter comme un autre respire,
Comme le vent murmure en s'exhalant des bois,
Harpe, écho de nos cœurs, et dont chaque vent tire
    Une seconde voix !

Pour moi, quand la mémoire évoque ton image,
Je te vois l'œil éteint par la veille et les pleurs,
Sans couronne et sans lyre, et penchant ton visage
    Sur un lit de douleurs !

Je t'entends murmurer ces simples mots de l'âme
Que la douleur enseigne à ce qui sait sentir,
Et ces chants enfantins que la plus humble femme
    Fait le mieux retentir ;

Et je dis en moi-même : « Oh ! périsse la lyre !
De la gloire à son cœur le calice est amer.
Le génie est une âme : on l'oublie, on l'admire ;
    Elle savait aimer ! »

L'étoile de la gloire, astre de sombre augure,
Semblable à l'insensé qui secoue un flambeau,
Éblouissant nos jours, les pousse à l'aventure
    Vers un brillant tombeau.

L'étoile de la femme est la pâle lumière
Qui se cache, le jour, dans l'azur étoilé ;
Monde mystérieux que seule à la paupière
    La nuit a révélé.

Sur le front qui l'admire elle luit en silence ;
Elle illumine à peine un point du firmament,
Et de ses doux rayons l'amoureuse influence
    N'enivre qu'un amant !

A MADAME DESBORDES-VALMORE

A MADAME DESBORDES-VALMORE

Souvent sur des mers où se joue
La tempête aux ailes de feu,
Je voyais passer sous ma proue
Le haut mât que le vent secoue,
Et pour qui la vague est un jeu.

Ses voiles ouvertes et pleines
Aspiraient le souffle des flots,
Et ses vigoureuses antennes
Balançaient sur les vertes plaines
Ses ponts chargés de matelots.

La lame en vain, dans sa carrière,
Battait en grondant ses sabords ;
Il la renvoyait en poussière,
Comme un coursier sème en arrière
La blanche écume de son mors.

« Longue course à l'heureux navire ! »
Disais-je. En trois bonds il a fui ;
La vaste mer est son empire
Son horizon n'a que sourire,
Et l'univers est devant lui.

Mais d'une humble voile sur l'onde
Si je distinguais la blancheur,
Esquif que chaque lame inonde,
Seule demeure qu'ait au monde
Le foyer flottant du pêcheur ;

Lorsqu'au soir sur la vague brune,
La suivant du cœur et de l'œil,
Je m'attachais à sa fortune,
Et priais les vents et la lune
De la défendre de l'écueil ;

Sous une voile, dont l'orage
En lambeaux déroulait les plis,
Je voyais le frêle équipage
Disputer son mât qui surnage
Aux coups des vents et du roulis.

Debout, le père de famille
Labourait les flots divisés ;
Le fils manœuvrait, et la fille
Recousait avec son aiguille
La voile ou les filets usés.

Deux enfants accroupis sur l'âtre
Soufflaient la cendre du matin ;
Et déjà la flamme bleuâtre
Égayait le couple folâtre
De l'espoir d'un frugal festin.

Appuyée au mât qui chancelle,
Et que sa main tient embrassé,
La mère les couvait de l'aile,
Et suspendait à sa mamelle
Le plus jeune, à son cou bercé.

« Ils n'ont, disais-je, dans la vie
Que cette tente et ces trésors ;
Ces trois planches sont leur patrie,
Et cette terre en vain chérie
Les repousse de tous ces bords !

» En vain de palais et d'ombrage,
Ce golfe immense est couronné :
Ils n'ont, pour tenir au rivage,
Que l'anneau, rongé par l'orage,
De quelque môle abandonné !

» Ils n'ont pour fortune et pour joie
Que les refrains de leurs couplets,
L'ombre que la voile déploie,
La brise que Dieu leur envoie,
Et ce qui tombe des filets! »

Cette pauvre barque, ô Valmore,
Est l'image de ton destin.
Le vague, d'aurore en aurore,
Comme elle te ballotte encore
Sur un océan incertain!

Tu ne bâtis ton nid d'argile
Que sous le toit du passager;
Et, comme l'oiseau sans asile,
Tu vas glanant de ville en ville
Les miettes du pain étranger.

Ta voix enseigne avec tristesse
Des airs de fête à tes petits,
Pour qu'attendri de leur faiblesse
L'oiseleur les épargne, et laisse
Grandir leurs plumes dans les nids!

Mais l'oiseau que ta voix imite
T'a prêté sa plainte et ses chants;
Et plus le vent du nord agite
La branche où ton malheur s'abrite,
Plus ton âme a des cris touchants!

Du poëte c'est le mystère :
Le luthier qui crée une voix
Jette son instrument à terre,
Foule aux pieds, brise comme un verre
L'œuvre chantante de ses doigts ;

Puis, d'une main que l'art inspire,
Rajustant ces fragments meurtris,
Réveille le son et l'admire,
Et trouve une voix à sa lyre
Plus sonore dans ses débris !...

Ainsi le cœur n'a de murmures
Que brisé sous les pieds du sort :
L'âme chante dans les tortures,
Et chacune de ses blessures
Lui donne un plus sublime accord.

Sur la lyre où ton front s'appuie,
Laisse donc résonner tes pleurs !
L'avenir, du barde est la vie ;
Et les pleurs que la gloire essuie
Sont le seul baume à ses douleurs.

LA CLOCHE

LA CLOCHE

A MADAME TASTU

Dans le clocher de mon village
Il est un sonore instrument,
Que j'écoutais dans mon jeune âge
Comme une voix du firmament.

Quand, après une longue absence,
Je revenais au toit natal,
J'épiais dans l'air, à distance,
Les doux sons du pieux métal.

Dans sa voix je croyais entendre
La voix joyeuse du vallon,
La voix d'une sœur douce et tendre,
D'une mère émue à mon nom !

Maintenant, quand j'entends encore
Ses sourds tintements sur les flots,
Chaque coup du battant sonore
Me semble jeter des sanglots.

Pourquoi ? Dans la tour isolée
C'est le même timbre argentin,
Le même hymne sur la vallée,
Le même salut au matin.

Ah ! c'est que, depuis le baptême,
La cloche au triste tintement
A tant sonné pour ceux que j'aime
L'agonie et l'enterrement !

C'est qu'au lieu des jeunes prières
Ou du *Te Deum* triomphant,
Il fait vibrer les froides pierres
De ma mère et de mon enfant !

Ainsi, quand ta voix si connue
Revint hier me visiter,
Je crus que du haut de la nue
L'ancienne joie allait chanter.

Mais, hélas! du divin volume
Où tes doux chants m'étaient ouverts,
Je ne sais quel flot d'amertume
Coulait en moi dans chaque vers.

C'est toujours le même génie,
La même âme, instrument humain;
Mais avec la même harmonie,
Comme tout pleure sous ta main!

Ah! pauvre mère! ah! pauvre femme!
On ne trompe pas le malheur.
Les vers sont le timbre de l'âme;
La voix se brise avec le cœur.

Toujours au sort le chant s'accorde:
Tu veux sourire en vain : je voi
Une larme sur chaque corde,
Et des frissons sur chaque doigt.

A ces vains jeux de l'harmonie
Disons ensemble un long adieu.
Pour sécher les pleurs du génie,
Que peut la lyre? Il faut un Dieu.

L'HIRONDELLE

L'HIRONDELLE

A MADEMOISELLE DE VINCY

Pourquoi me fuir, passagère hirondelle?
Viens reposer ton aile auprès de moi.
Pourquoi me fuir? c'est un cœur qui t'appelle :
Ne suis-je pas voyageur comme toi?

Dans ce désert le destin nous rassemble :
Va, ne crains pas d'y nicher près de moi.
Si tu gémis, nous gémirons ensemble :
Ne suis-je pas isolé comme toi?

Peut-être, hélas! du toit qui t'a vu naître
Un sort cruel te chasse ainsi que moi.
Viens t'abriter au mur de ma fenêtre :
Ne suis-je pas exilé comme toi?

As-tu besoin de laine pour la couche
De tes petits, frissonnant près de moi?
J'échaufferai leur duvet sous ma bouche :
N'ai-je pas vu ma mère comme toi?

Vois-tu là-bas, sur la rive de France,
Le seuil aimé qui s'est ouvert pour moi?
Va, portes-y le rameau d'espérance :
Ne suis-je pas son oiseau comme toi?

Ne me plains pas... Ah! si la tyrannie
De mon pays ferme le seuil pour moi,
Pour retrouver la liberté bannie
N'avons-nous pas notre ciel comme toi?

A M. CHARLES NODIER

A M. CHARLES NODIER

DE LA PART DE L'AUTEUR

SON ADMIRATEUR ET SON AMI

Saint-Point, 30 décembre 1823.

Couché dans sa barque flottante,
Et des vagues suivant le cours,
Comme nous le nautonier chante
Pour tromper la longueur des jours.
C'est en vain qu'une ombre chérie,
Ou l'image de la patrie,
Rappellent son cœur sur les bords :
Il chante, et sa voix le console ;
Et le vent qui sur l'onde vole
Prend sa peine avec ses accords !

AU PRINCE ROYAL DE BAVIÈRE

VOYAGEANT EN GRÈCE

AU PRINCE ROYAL DE BAVIÈRE

VOYAGEANT EN GRÈCE

Péra, le 6 juillet 1833.

Pèlerin inconnu des vieux sentiers du monde,
Quitter l'ombre et la paix des foyers paternels;
Se laisser dériver, aux caprices de l'onde,
Vers tous les bords lointains qu'un nom fit éternels;

Saluer d'une larme, à travers sa ruine,
Le temple de Minerve au lumineux fronton;
Sentir battre un cœur d'homme au lac de Salamine;
Rêver des songes d'or sur le cap de Platon;

Écouter le destin sur l'airain de ses pages;
Des peuples et des dieux sonner le jour fatal;
Ou remuer du pied, dans la poudre des âges,
Ce que l'aile du temps jette du piédestal;

Toucher au doigt le vide et l'étroit de la vie;
Confesser sa misère et goûter son néant;
Et dire à chaque pas, sans regret, sans envie :
« Ce monde est comme nous petit : Dieu seul est grand ! »

Du voyageur obscur voilà chaque journée.
De poussière en poussière il s'égare à pas lents;
Le flot porte sans bruit son humble destinée,
Et le reporte au gîte avec des cheveux blancs.

Mais vous, enfants de rois que l'avenir regarde,
Quand vous voguez devant ces bords aux grands échos,
La gloire du passé se rallume, et vous darde
Quelqu'un de ces rayons qui brûlent les héros.

Voilà ce que leurs pas ont laissé sur la route!
Tous ces rivages morts vivent de leur vertu.
Toi qui passes comme eux devant leur cendre, écoute
La terre qui te dit : « Que me laisseras-tu? »

Quand l'homme obscur finit son court pèlerinage,
Sous l'herbe du cercueil il dort impunément;
Mais la terre de vous attend un témoignage,
Et la tombe d'un roi doit être un monument.

LE CRI DE CHARITÉ

LE CRI DE CHARITÉ

CHANT

COMPOSÉ AU PROFIT DES VICTIMES DES INONDATIONS

Sur les bords écumants des fleuves
Qui roulent des flots et des cris,
Des vieillards, des enfants, des veuves,
Pleurent leur asile en débris.
La cime d'arbre est le refuge
Que l'homme dispute aux oiseaux,
Et la voix morne du déluge
S'éteint par degrés sous les eaux.

L'ange des détresses humaines
Recueille ces vagissements,
Ces sanglots, ces chutes soudaines
Des villes sur leurs fondements ;
Aux sourds craquements des collines
Mêlant nos lamentations,
Il souffle aux oreilles divines
Le chant de deuil des nations.

Mais bientôt la terre s'essuie,
D'autres bruits changent son accent :
C'est l'arbre courbé sous la pluie,
Qui frémit au jour renaissant ;
C'est le marteau, c'est la truelle
Qui rebâtit le nid humain ;
C'est l'or abondant, qui révèle
L'aumône en sonnant dans la main !

L'ange de la céleste joie
Passe, emportant au Créateur
Ces bruits, que le bienfait renvoie
A l'oreille du bienfaiteur ;
Il en forme un concert de grâces
Qui dit au Seigneur irrité :
« Ton déluge n'a plus de traces
» Sur un globe de charité !... »

·22 novembre 1840.

L'IDÉE ÉTERNELLE

Qu'il est doux pour l'âme qui pense,
Et flotte dans l'immensité
Entre le doute et l'espérance,
La lumière et l'obscurité,
De voir une idée éternelle
Luire sans cesse au-dessus d'elle
Comme une étoile aux feux constants,
La consoler sous ses nuages,
Et lui montrer les doux rivages
Blanchis de l'écume du temps!

VERS A M. TRAMBLY

AUTEUR DE L'ŒNOLOGIE[1]

EN LUI OFFRANT LES MÉDITATIONS

   Muse aimable, fille d'Horace,
Qui presses dans tes doigts la coupe des festins,
Sur ton front virginal que l'ivresse a de grâce!
Le pampre de nos bords dans tes cheveux s'enlace
    Au laurier brillant des Latins.

Peut-être qu'en t'offrant ces vers mouillés de larmes,
L'ombre de ma douleur pourra ternir tes charmes:

[1] L'*Œnologie*, poëme didactique, en quatre chants, suivis de notes historiques.

Mais souviens-toi qu'Horace, en chantant le plaisir,
De la mort quelquefois accueillait la pensée,
Et laissait échapper de sa lyre glacée
    Un triste et sublime soupir !

Comme pour flatter l'œil, en couronnant son verre
Sa main voluptueuse entremêlait parfois
    Le sombre feuillage du lierre
Aux roses de Pestum qui mouraient sous ses doigts.

VERS SUR UN ALBUM

Le livre de la vie est le livre suprême
Qu'on ne peut ni fermer ni rouvrir à son choix ;
Le passage attachant ne s'y lit pas deux fois,
Mais le feuillet fatal se tourne de lui-même :
On voudrait revenir à la page où l'on aime,
Et la page où l'on meurt est déjà sous nos doigts !

A M. TRAMBLY

AUTEUR D'UNE ÉPITRE AU POÈTE SENECÉ, NÉ A MACON, LE 13 OCTOBRE 1643

De Senecé l'ombre aimable et gentille
Dans ce château, par sa lyre ennobli,
Revint un jour des rives de l'oubli.
Le sombre ennui le reçut à la grille :
Lors il s'enfuit ; puis, se tournant devers
L'humble ermitage où, malgré cent hivers,
Dans tes chansons sa verve encor petille ;
Avec surprise il écouta tes airs :
« Holà ! dit-il, reconnaissant ses vers,
» Mon héritier n'est pas de ma famille. »

A MADEMOISELLE B***

MUSIQUE

Pourquoi réveilles-tu sur ces cordes rebelles
Ces notes de métal et ce clavier de voix?
A ton léger signal, pourquoi ruissellent-elles
Comme des flots de sons écumant sous tes doigts?

Pourquoi m'entraînes-tu dans ce torrent sonore,
Comme une feuille sèche enlevée à ses bords?
Pourquoi le cœur pesant s'allége-t-il encore
Au tourbillon joyeux des rapides accords?

Qui t'a donné sur l'air ce merveilleux empire?
A quel ciel as-tu pris ces divins talismans?
Le secret de tes yeux à ton insu transpire;
Le feu de ton regard est roi des éléments.

Saint-Point, 1819.

VERS

INSCRITS SUR L'ALBUM DE MADEMOISELLE NODIER

Que pour toi, belle enfant, au printemps de ton âge,
Du livre du destin ce livre soit l'image !
L'amitié par mes mains à tes yeux va l'ouvrir ;
De ses aveux plus tard l'amour va le couvrir :
Puissent-ils, de tes jours écartant tout nuage,
Confondre encor leurs pleurs à la dernière page !

A UN ANONYME

Ah! béni soit celui dont l'amitié discrète
Me prodigue ses vœux sans oser se nommer!
Et que ces vœux touchants qu'il adresse au poëte
Retombent sur son front, comme des fleurs qu'on jette
 Retombent pour nous embaumer!

VERS

INSCRITS SUR L'ALBUM DE MADAME V*** H***

Descends sur ce livre enchanté,
Esprit d'amour et d'harmonie !
Descends des yeux de la beauté,
Descends des lèvres du génie !

VERS SUR UN ALBUM

Sur cette page blanche où mes vers vont éclore,
Qu'un regard quelquefois ramène votre cœur.
De votre vie aussi la page est blanche encore;
Que ne puis-je y graver un seul mot : Le bonheur!

A UNE JEUNE PERSONNE

QUI PRÉDISAIT L'AVENIR

Plein d'un instinct divin de gloire et de tendresse;
Et d'un feu que mon cœur ne pouvait contenir,
    J'ai consulté dans ma jeunesse
Des oracles charmants et chers au souvenir :
    Plus d'une jeune prophétesse
De l'éclat de ses yeux m'éclaira l'avenir.
Ah! qu'il est doux d'y lire en ces moments d'ivresse !

Plus tard, j'ai mis la main sur les seins palpitants
De ces beautés de marbre, aux regards de sibylles.
Leurs temples sont muets, leurs lèvres immobiles ;
Le passé parle seul dans ces débris du temps !
Aujourd'hui que du soir l'ombre sur moi s'avance,
Je n'interroge plus ; l'oracle a prononcé ;
Et pour moi l'avenir est semblable au passé,
    Moins ses erreurs et l'espérance !

En vain, sous le mystère où se cache le sort,
Le regard des humains dans l'avenir s'enfonce ;
Le jour, hélas ! dément ce que la veille annonce.
Notre âme se consume en un stérile effort ;
Le destin n'a pour tous qu'une même réponse :
    L'oubli, le silence, et la mort !

Ne soulève donc plus, ô jeune prophétesse,
Le rideau dont la vie aime à s'environner !
Chaque heure apporte un rêve et trompe une promesse ;
Ne tresse plus d'erreurs pour nous en couronner !
Mais si tu veux encor qu'à l'oracle on s'adresse,
Ne prédis de bonheur, ô jeune prophétesse,
    Que celui que tu peux donner !

A REGALDI

Tes vers jaillissent, les miens coulent :
Dieu leur fit un lit différent ;
Les miens dorment, et les tiens roulent.
Je suis le lac, toi le torrent !

IMPROVISATION

SUR LE BATEAU A VAPEUR DU RHONE

Demande, ô voyageur, pour descendre la vie,
Ce que m'offre ce fleuve en descendant son cours :
Une route facile au gré des flots suivie,
Un rivage qui change au gré de ton envie,
Un flot calme, un ciel pur, un vent tiède, et des jours
Que le soleil fait longs, que le plaisir fait courts!

LE RETOUR

Vallon, rempli de mes accords ;
Ruisseau, dont mes pleurs troublaient l'onde ;
Prés, colline, forêt profonde ;
Oiseaux, qui chantiez sur ces bords ;

Zéphyr, qu'embaumait son haleine ;
Sentiers, où sa main tant de fois
M'entraînait à l'ombre des bois,
Où l'habitude me ramène :

Le temps n'est plus! mon œil glacé,
Qui vous cherche à travers ses larmes,
A vos bords jadis pleins de charmes
Redemande en vain le passé.

La terre est pourtant aussi belle,
Le ciel aussi pur que jamais!
Ah! je le vois, ce que j'aimais
Ce n'était pas vous, c'était elle!

RÉPONSE A UN VIEIL AMI

A M. RONOT

Non, le temps en vain accumule
Tant de jours flétris sous mes pas ;
Mon cœur, où tant de feu circule,
Se dépouille et ne vieillit pas.
En vain, dans mon fil qu'il déroule,
Le sort mêle joie et malheurs ;
En vain mon eau pure s'écoule
Avec l'amertume des pleurs ;
En vain le gazon que je foule,
La feuille qui sous mon pied roule,

Me renouvelant mes douleurs,
Me disent d'oublier la foule
Pour chercher ce que j'aime ailleurs!
Quand je revois ce doux rivage
Où pour mon âme tout est voix,
Où chaque murmure des bois,
Où chaque flot, chaque nuage,
Sont un regret, sont une image,
Sont un entretien d'autrefois,
L'amitié, ce soleil de l'âme,
Me ranimant de sa chaleur,
Fond ma neige à sa tiède flamme,
Et me rend le printemps du cœur!
Oui, tu dis vrai : ce cœur écoute
Le triste charme de ces vers :
Tant qu'il restera sur ma route
Quelques-uns de ces êtres chers,
Comme ces arbres dont la voûte
Verdit la neige des hivers,
Aux vieux amis qui m'ont vu naître
Mon cœur ne saurait se fermer,
Toujours vieux pour les reconnaître,
Toujours jeune pour les aimer.

A DE JEUNES AMÉRICAINES

Pour traverser les flots de la mer monotone
Quand vous quittez le seuil de ma froide maison,
J'en vois partir aussi sur l'aile de l'automne
Une hirondelle, oiseau qui change de saison.

Au retour du soleil, je la verrai sans doute
Vers mon manoir du nord retrouver son chemin :
Vous, le flot pour jamais efface votre route,
Hirondelle d'un soir qui n'as pas dit : « Demain ! »

A UN POËTE ANGLAIS

QUI AVAIT TRADUIT UNE HARMONIE

Comme l'onde limpide où flottent nos images,
En les réfléchissant, embellit ses rivages;
Comme l'écho caché dans l'ombre de ses bois,
En nous la répétant, adoucit notre voix;
Ainsi, dans les flots purs de sa riche harmonie,
Ta muse, en le flattant, réfléchit mon génie;
Ainsi ta jeune lyre adoucit mes concerts,
Et, trompé par ta voix, je m'admire en tes vers.

A UNE JEUNE POLONAISE

MADEMOISELLE MICHATOWSKA

Le cygne dans son lac contemple son image ;
L'éclair se réfléchit dans sa propre clarté,
Le ciel dans l'océan, et Dieu dans son ouvrage,
    Et nous dans la postérité ;

Dans la postérité, froide et pâle interprète,
Miroir terne et glacé comme vos lacs du Nord !
Qu'importe son éclat et son prisme au poëte ?
    Il ne réfléchit que la mort !

Mais dans un cœur vivant se contempler soi-même ;
Mais dans l'œil d'une vierge, où l'amitié vous luit,
Découvrir tout à coup un regard qui vous aime,
  Comme une étoile dans la nuit ;

Mais se dire : « Au milieu de la tempête humaine,
Dans un point lumineux de l'immense horizon,
Contre la calomnie et l'injure et la haine
  Il est un abri pour mon nom ;

» Il est au moins un cœur où ma harpe résonne,
Où mes soupirs secrets comme au ciel sont compris,
Où ma voix retentit, où mon âme rayonne :
  Ah ! du barde voilà le prix ! »

Mon asile et ma gloire, à moi, sont dans ton âme.
Qu'importe si le temps de nos chants est vainqueur ?
Vivre même inconnu dans un songe de femme,
  Avoir un écho dans son cœur ;

Mystérieux témoin de ses larmes versées,
Sentir battre en son cœur le soupir comprimé ;
Avoir, comme un ami, sa part dans ses pensées ;
  Par ses lèvres être nommé ;

Le jour, la suivre seul dans les bois, sur la grève ;
De sa lampe, la nuit, prolonger la clarté ;
Être le nom qu'elle aime ou l'ombre qu'elle rêve :
  Voilà mon immortalité !

SUR

UNE GUIRLANDE DE FLEURS PEINTES

POUR UNE LOTERIE DE CHARITÉ

―――

Aux fleurs que ma main fait éclore,
Chastes filles de mon pinceau,
Pervenches qui trompent l'aurore,
Lis blancs qui trompent le ruisseau,

Je sais donner les mêmes charmes
Que le printemps donne à leurs sœurs;
La rosée y verse ses larmes,
L'insecte vole à leurs couleurs.

Des trésors dont la séve est pleine,
Voyez, n'en manque-t-il aucun?
Hélas! le plus doux... leur haleine,
Dort immobile et sans parfum.

Mais si la charité les cueille
Pour en payer le prix à Dieu,
Si vous les versez feuille à feuille
Dans l'urne vide du saint lieu,

Roses, pervenches, anémone,
A l'instant embaument d'odeur;
Car vous leur donnez par l'aumône
Le bienfait, ce parfum du cœur.

27 mars 1847.

INSCRIPTION

POUR UNE MAISON DE CAMPAGNE

Veux-tu sans règle et sans équerre
Orienter ta ruche à miel,
Ouvre ta porte sur la terre,
Et ta fenêtre sur le ciel.

SUR UN ALBUM

O grâce à toi, page discrète,
Solitude offerte à mes vers,
Où pourrait chanter le poëte
Lassé des bruits de l'univers!

Ton blanc vélin qui les recueille,
Et qui les suspend dans leur vol,
Sera pour eux ce qu'est la feuille
Où se cache le rossignol.

Loin des regards, sa voix s'épanche
Entre un crépuscule et la nuit;
Mais si l'on écarte la branche,
C'en est fait, le chantre s'enfuit!

Il va chanter sous d'autres voûtes
Pour des ingrats et pour des sourds :
Ah! s'il savait que tu l'écoutes,
C'est là qu'il chanterait toujours!

IMPROVISATION A SAINT-GAUDENS

EN RECEVANT UNE SÉRÉNADE

J'ai rêvé cette nuit qu'une vague harmonie,
Dont les esprits de l'air auraient été jaloux,
Enchantait mon sommeil, calmait mon insomnie;
Et je disais en moi : « Dieu! que ce rêve est doux! »
Un rêve? Ah! pardonnez! mon erreur est finie.
De l'hospitalité c'était le doux génie :
Je n'avais rien rêvé, j'avais dormi chez vous.

RECUEILLEMENTS

POÉTIQUES

LETTRE

A M. LÉON BRUYS D'OUILLY

SERVANT DE PRÉFACE

Je vous envoie, mon cher ami, le petit volume de poésies nouvelles que M. Charles Gosselin réclame, et que vous voulez bien vous charger de lui porter parmi vos bagages. Les poëtes seuls doivent se charger de ces commissions à la fois sérieuses et futiles, comme on ne donne les choses légères à porter qu'aux mains des enfants.

Mon éditeur ne se contente pas de vers; il veut encore un titre. Dites-lui d'appeler ce volume *Recueillements poétiques*. Ce titre rend parfaitement l'impression que j'ai eue en écrivant ces poésies. C'est le nom des heures que j'y ai trop rarement consacrées.

Vous me demandez, mon cher ami, comment, au milieu de mes travaux d'agriculteur, de mes études philosophiques, de mes voyages, et du mouvement politique qui m'emporte quelquefois dans sa sphère tumultueuse et passionnée, il peut me rester quelque liberté d'esprit et quelques heures d'audience pour cette poésie de l'âme, qui ne parle qu'à voix basse dans le silence et dans la solitude. C'est comme si vous demandiez au soldat ou au matelot s'il leur reste un moment pour penser à ce qu'ils aiment et pour prier Dieu, dans le bruit du camp ou dans l'agitation de la mer. Tout homme a en soi une merveilleuse faculté d'expansion et de concentration, de se livrer au monde sans se perdre soi-même, de se quitter et de se retrouver tour à tour. Voulez-vous que je vous dise mon secret? C'est la division du temps; son heure a chaque chose, et il y en a pour tout. Bien entendu que je parle de l'homme qui vit, comme nous, à cent lieues de Paris et à dix lieues de toute ville, entre deux montagnes, sous son chêne ou sous son figuier. Et puisque vous voulez le récit vrai et confidentiel d'une de mes journées de paysan que vous trouvez trop pleines et que je sens si vides, tenez, le voilà : prenez et lisez, comme dit solennellement le grand poëte des *Confessions*, J.-J. Rousseau.

Mais d'abord souvenez-vous que, pour vivre ainsi double, il faut se coucher de bonne heure, et que votre lampe s'éteigne quand la lampe du tisserand et celle de la fileuse brillent encore, comme des étoiles tombées à terre, à travers les branches, sur les flancs noirs de nos collines. Il faut entendre, en s'endormant, les chants éloignés des jeunes garçons du village qui reviennent de la veillée dans les étables, et qui se répondent en s'affaiblissant, comme une sonore invitation au sommeil :

..... Suadentque cadentia sidera somnos.

Notre ami et maître Virgile savait tout cela.

Quand donc l'année politique a fini, quand la Chambre, les conseils généraux de département, les conseils municipaux de village, les élections, les moissons, les vendanges, les semailles, me laissent deux mois seul et libre dans cette chère masure de Saint-Point que vous connaissez, et où vous avez osé coucher quelquefois sous une tour qui tremble aux coups du vent d'ouest, ma vie de poëte recommence pour quelques jours. Vous savez mieux que personne qu'elle n'a jamais été qu'un douzième tout au plus de ma vie réelle.

La poésie n'a été pour moi que ce qu'est la prière, le plus beau et le plus intense des actes de la pensée, mais le plus court, et celui qui dérobe le moins de temps au travail du jour. La poésie, c'est le chant intérieur.

Que penseriez-vous d'un homme qui chanterait du matin au soir? Je n'ai fait des vers que comme vous chantez en marchant quand vous êtes seul, débordant de force dans les routes solitaires de vos bois. Cela marque le pas, et donne la cadence aux mouvements du cœur et de la vie. Voilà tout.

L'heure de ce chant pour moi, c'est la fin de l'automne ; ce sont les derniers jours de l'année qui meurt dans les brouillards et dans les tristesses du vent. La nature âpre et froide nous refoule alors au dedans de nous-mêmes; c'est le crépuscule de l'année, c'est le moment où l'action cesse au dehors; mais l'action intérieure ne cessant jamais, il faut bien employer à quelque chose ce superflu de force qui se convertirait en mélancolie dévorante, en désespoir et en démence, si on ne l'exhalait pas en prose ou en vers. Béni soit celui qui a inventé l'écriture, cette conversation de l'homme avec sa propre pensée, ce moyen de le soulager du poids de son âme ! Il a prévenu bien des suicides.

A ce moment de l'année, je me lève bien avant le jour. Cinq heures du matin n'ont pas encore sonné à l'horloge lente et rauque du clocher qui domine mon jardin, que j'ai quitté mon lit, fatigué de rêves, rallumé ma lampe de cuivre, et mis le feu au sarment de vigne qui doit réchauffer ma veille dans cette petite tour voûtée, muette et isolée, qui ressemble à une chambre sépulcrale habitée encore par l'activité de la vie. J'ouvre ma fenêtre; je fais quelques pas sur le plancher vermoulu de mon balcon de bois. Je regarde le ciel et les noires dentelures de la montagne, qui se découpent nettes et aiguës sur le bleu pâle d'un firmament d'hiver, ou qui noient leurs cimes dans un lourd océan de brouillards : quand il y a du vent, je vois courir les nuages sur les dernières étoiles, qui brillent et disparaissent tour à tour comme des perles de l'abîme que la vague recouvre et découvre dans ses ondulations. Les branches noires et dépouillées des noyers du cimetière se tordent et se plaignent sous la tourmente des airs, et l'orage nocturne ramasse et roule leur tas de feuilles mortes, qui viennent bruire et bouillonner au pied de la tour comme de l'eau.

A un tel spectacle, à une telle heure, dans un tel silence, au milieu de cette nature sympathique, de ces collines où l'on a grandi, où l'on doit vieillir, à dix pas du tombeau où repose, en nous attendant, tout ce qu'on a le plus pleuré sur la terre, est-il possible que l'âme qui s'éveille et qui se trempe dans cet air des nuits n'éprouve pas un frisson universel, ne se mêle pas instantanément à toute cette magnifique confidence du firmament et des montagnes, des étoiles et des prés, du vent et des arbres, et qu'une rapide et bondissante pensée ne s'élance pas du cœur pour monter à ces étoiles, et de ces étoiles pour monter à Dieu? Quelque chose s'échappe de moi pour se confondre à toutes ces choses; un soupir me ramène à tout ce que j'ai connu, aimé, perdu dans cette maison et ailleurs; une espérance forte et évidente comme la Providence, dans la nature, me reporte au sein de Dieu, où tout se retrouve; une tristesse et un enthousiasme se confondent dans quelques mots que j'articule tout haut, sans crainte que personne les entende, excepté le vent qui les porte à Dieu. Le froid du matin me saisit; mes pas craquent sur le givre; je referme ma fenêtre, et je rentre dans ma tour, où le fagot réchauffant pétille, et où mon chien m'attend.

Que faire alors, mon cher ami, pendant ces trois ou quatre longues heures de silence qui ont à s'écouler, en novembre, entre le réveil et le mouvement de la lumière et du jour? Tout dort dans la maison et dans la cour; à peine entend-on quelquefois un coq, trompé par la lueur d'une étoile, jeter un cri qu'il n'achève pas et dont il semble se repentir, ou quelque bœuf endormi et rêvant, dans l'étable, pousser un mugissement sonore qui réveille en sursaut le bouvier. On est sûr qu'aucune distraction domestique, aucune visite importune, aucune affaire du jour ne viendra vous surprendre de deux ou trois heures, et tirailler votre pensée. On est calme et confiant dans son loisir; car le jour est aux hommes, mais la nuit n'est qu'à Dieu.

Ce sentiment de sécurité complète est à lui seul une volupté. J'en jouis un instant avec délices. Je vais, je viens, je fais mes six pas dans tous les sens, sur les dalles de ma chambre étroite; je regarde un ou deux portraits suspendus au mur, images mille fois mieux peintes en moi; je leur parle, je parle à mon chien, qui suit d'un œil intelligent et inquiet tous mes mouvements de pensée et de corps. Quelquefois je tombe à genoux devant une de ces chères mémoires du passé mort; plus souvent, je me promène en élevant mon âme au Créateur, et en articulant quelques lambeaux de prières que notre mère nous apprenait dans notre enfance, et quelques versets mal cousus de ces psaumes du saint poëte hébreu, que j'ai entendu chanter dans les cathédrales, et qui se retrouvent çà et là dans ma mémoire, comme des notes éparses d'un air oublié.

Cela fait (et tout ne doit-il pas commencer et finir par cela?), je m'assieds près de la vieille table de chêne où mon père et mon grand-père se sont assis. Elle est couverte de livres froissés par eux et par moi : leur vieille Bible, un grand Pétrarque in-4°, édition de Venise en deux énormes volumes, où ses œuvres latines, sa politique, ses philosophies, son *Africa*, tiennent deux mille pages, et où ses immortels sonnets en tiennent sept (parfaite image de la vanité et de l'incertitude du travail de l'homme, qui passe sa vie à élever un monument immense et laborieux à sa mémoire, et dont la postérité ne sauve qu'une petite pierre, pour lui faire une gloire et une immortalité); un Homère, un Virgile, un volume de lettres de Cicéron, un tome dépareillé de Chateaubriand, de Goethe, de Byron, tous philosophes ou poëtes, et une petite *Imitation de Jésus-Christ*, bréviaire philosophique de ma pieuse mère, qui conserve la trace de ses doigts, quelquefois de ses larmes, quelques notes d'elle, et qui contient à lui seul plus de philosophie et plus de poésie que tous ces poëtes et tous ces philosophes. Au milieu de tous ces volumes poudreux et épars, quelques feuilles de beau papier blanc, des crayons et des plumes, qui invitent à crayonner et à écrire.

Le coude appuyé sur la table et la tête sur la main, le cœur gros de sentiments et de souvenirs, la pensée pleine de vagues images, les sens en repos, ou tristement bercés par les grands murmures des forêts qui viennent tinter et expirer sur mes vitres, je me laisse aller à tous mes rêves ; je ressens tout, je pense à tout ; je roule nonchalamment un crayon dans ma main, je dessine quelques bizarres images d'arbres ou de navires sur une feuille blanche ; le mouvement de la pensée s'arrête, comme l'eau dans un lit de fleuve trop plein ; les images, les sentiments s'accumulent, ils demandent à s'écouler sous une forme ou sous une autre ; je me dis : « Écrivons. » Comme je ne sais pas écrire en prose, faute de métier et d'habitude, j'écris des vers. Je passe quelques heures assez douces à épancher sur le papier, dans ces mètres qui marquent la cadence et le mouvement de l'âme, les sentiments, les idées, les souvenirs, les tristesses, les impressions dont je suis plein : je me relis plusieurs fois à moi-même ces harmonieuses confidences de ma propre rêverie ; la plupart du temps je les laisse inachevées, et je les déchire après les avoir écrites. Elles ne se rapportent qu'à moi, elles ne pourraient être lues par d'autres ; ce ne seraient pas peut-être les moins poétiques de mes poésies, mais qu'importe ? Tout ce que l'homme sent et pense de plus fort et de plus beau, ne sont-ce pas les confidences qu'il fait à l'amour, ou les prières qu'il adresse à voix basse à son Dieu ? Les écrit-il ? Non sans doute ; l'œil ou l'oreille de l'homme les profanerait. Ce qu'il y a de meilleur dans notre cœur n'en sort jamais.

Quelques-unes de ces poésies matinales s'achèvent cependant ; ce sont celles que vous connaissez, des Méditations, des Harmonies, Jocelyn, et ces pièces sans nom que je vous envoie. Vous savez comment je les écris, vous savez combien je les apprécie à leur peu de valeur; vous savez combien je suis incapable du pénible travail de la lime et de la critique sur moi-même. Blâmez-moi, mais ne m'accusez pas; et, en retour de trop d'abandon et de faiblesse, donnez-moi trop de miséricorde et d'indulgence. *Naturam sequere!*

Les heures que je puis donner ainsi à ces gouttes de poésie, véritable rosée de mes matinées d'automne, ne sont pas longues. La cloche du village sonne bientôt l'*Angelus* avec le crépuscule : on entend dans les sentiers rocailleux qui montent à l'église ou au château le bruit des sabots des paysans, le bêlement des troupeaux, les aboiements des chiens de berger, et les cahots criards des roues de la charrue sur la glèbe gelée par la nuit; le mouvement du jour commence autour de moi, me saisit, et m'entraîne jusqu'au soir. Les ouvriers montent mon escalier de bois, et me demandent de leur tracer l'ouvrage de leur journée; le curé vient, et me sollicite de pourvoir à ses malades ou à ses écoles; le maire vient, et me prie de lui expliquer le texte confus d'une loi nouvelle sur les chemins vicinaux, loi que j'ai faite et que je ne comprends pas mieux que lui. Des voisins viennent, et me somment d'aller avec eux tracer une route ou borner un héritage; mes vignerons viennent m'exposer que la récolte a manqué, et qu'il ne leur reste qu'un ou deux sacs de seigle pour nourrir leur femme et cinq enfants pendant un long hiver. Le courrier arrive, chargé de journaux et de lettres qui ruissellent comme une pluie de paroles sur ma table; paroles quelquefois douces, quelquefois amères, plus souvent indifférentes, mais qui demandent toutes une pensée, un mot, une ligne. Mes hôtes, si j'en ai, se réveillent, et circulent dans la maison; d'autres arrivent, et attachent leurs chevaux harassés aux barreaux de fer des fenêtres basses. Ce sont des fermiers de nos montagnes en vestes de velours noir, en guêtres de cuir ; des maires des villages voisins, de bons vieux curés à la couronne de cheveux blancs, trempés de sueur ; de pauvres veuves des villes prochaines, qui seraient heureuses d'un bureau de poste ou de timbre, qui croient à la toute-puissance d'un homme dont le journal du chef-lieu a parlé, et qui se tiennent timidement en arrière sous les grands tilleuls de l'avenue, avec un ou deux pauvres enfants à la main. Chacun a son souci, son rêve, son affaire : il faut les entendre, serrer la main à l'un, écrire un billet pour l'autre, donner quelque espérance à tous. Tout cela se fait en rompant, sur le coin de la table chargée de vers, de prose et de lettres, un morceau de ce pain de seigle odorant de nos montagnes, assaisonné de beurre frais, d'un fruit du jardin, d'un raisin de la vigne. Frugal déjeuner de poëte et de laboureur, dont les oiseaux attendent les miettes sur mon balcon. Midi sonne ; j'entends mes chevaux caressants hennir, et creuser du pied le sable de la cour, comme pour m'appeler. Je dis bonjour et adieu aux hôtes de la maison, qui restent jusqu'au soir ; je monte à cheval et je pars au galop, laissant derrière moi toutes les pensées du matin, pour aller à d'autres soucis du jour. Je m'enfonce dans les sentiers creux et escarpés de nos vallées ; je gravis et je redescends, pour gravir encore nos montagnes ; j'attache mon cheval à bien des arbres, je frappe à plusieurs portes ; je retrouve ici et là mille affaires pour moi ou pour les autres, et je ne rentre qu'à la nuit, après avoir savouré, pendant six ou sept heures de routes solitaires, tous les rayons du soleil, toutes les teintes des feuilles jaunissantes, toutes les odeurs, tous les bruits gais ou tristes de nos grands paysages dans les jours d'automne. Heureux si en rentrant, harassé de fatigue, je trouve par hasard au coin du feu quelque ami arrivé pendant mon absence, au cœur simple, à la parole poétique, qui, en allant en Italie ou en Suisse, s'est souvenu que mon toit est près de sa route, et qui, comme Hugo, Nodier, Quinet, Sue ou Manzoni, vient nous apporter un écho lointain des bruits du monde, et goûter avec indulgence un peu de notre paix.

Voilà, mon cher ami, la meilleure part de vie de l'année pour moi. Que Dieu la multiplie, et soit béni pour ce peu de sel dont il l'assaisonne! Mais ces jours s'envolent avec la rapidité des derniers soleils qui dorent entre deux brouillards les cimes pourprées des jeunes peupliers de nos prés.

Un matin, le journal annonce que les Chambres sont convoquées pour le milieu ou la fin de décembre. De ce jour, toute joie du foyer et toute paix s'évanouissent; il faut préparer ce long interrègne domestique que produit l'absence dans un ménage rural, pourvoir aux nécessités de Saint-Point, à celles d'un séjour onéreux de six mois à Paris, *res angusta domi;* il faut partir.

Je sais bien qu'on me dit : « Pourquoi partez-vous? Ne tient-il pas à vous de vous enfermer dans votre quiétude de poëte, et de laisser le monde politique travailler pour vous? » Oui, je sais qu'on me dit cela; mais je ne réponds pas : j'ai pitié de ceux qui me le disent. Si je me mêlais à la politique par plaisir ou par vanité, on aurait raison; mais si je m'y mêle par devoir, comme tout passager dans un gros temps met sa main à la manœuvre, on a tort : j'aimerais mieux chanter au soleil sur le pont; mais il faut monter à la vergue et prendre un ris, ou déployer la voile. Le labeur social est le travail quotidien et obligatoire de tout homme qui participe aux périls ou aux bénéfices de la société. On se fait une singulière idée de la politique dans notre pays et dans notre temps. Eh! mon Dieu, il ne s'agit pas le moins du monde pour vous et pour moi de savoir à quelles pauvres et passagères individualités appartiendront quelques années de pouvoir. Qu'importe à l'avenir que telle ou telle année du gouvernement d'un petit pays qu'on appelle la France ait été marquée par le consulat de tels ou tels hommes! C'est l'affaire de leur gloriole, c'est l'affaire du calendrier. Mais il s'agit de savoir si le monde social avancera ou rétrogradera dans sa route sans terme; si l'éducation du genre humain se fera par la liberté ou par le despotisme, qui l'a si mal élevé jusqu'ici; si les législations seront l'expression du droit et du devoir de tous, ou de la tyrannie de quelques-uns; si l'on pourra enseigner à l'humanité à se gouverner par la vertu plus que par la force; si l'on introduira enfin dans les rapports politiques des hommes entre eux et des nations entre elles ce divin principe de fraternité qui est tombé du ciel sur la terre pour détruire toutes les servitudes et pour sanctifier toutes les disciplines; si on abolira le meurtre légal; si on effacera peu à peu du code des nations ce meurtre en masse qu'on appelle la guerre; si les hommes se gouverneront enfin comme des familles, au lieu de se parquer comme des troupeaux; si la liberté sainte des consciences grandira enfin avec les lumières de la raison, multipliées par le verbe; et si Dieu, s'y réfléchissant de siècle en siècle davantage, sera de siècle en siècle mieux adoré en œuvres et en paroles, en esprit et en vérité.

Voilà la politique telle que nous l'entendons, vous, moi, tant d'autres, et presque toute cette jeunesse qui est née dans les tempêtes, qui grandit dans les luttes, et qui semble avoir en elle l'instinct des grandes choses qui doivent graduellement et religieusement s'accomplir. Croyez-vous qu'à une pareille époque, et en présence de tels problèmes, il y ait honneur et vertu à se mettre à part dans le petit troupeau des sceptiques, et à dire comme Montaigne : « Que sais-je? » ou comme l'égoïste : « Que m'importe? »

Non. Lorsque le divin Juge nous fera comparaître devant notre conscience, à la fin de notre courte journée d'ici-bas, notre modestie, notre faiblesse, ne seront point une excuse pour notre inaction. Nous aurons beau lui répondre : « Nous n'étions rien, nous ne pouvions rien, nous n'étions qu'un grain de sable; » il nous dira : « J'avais mis devant vous, de votre temps, les deux bassins d'une balance où se pesaient les destinées de l'humanité : dans l'un était le bien, dans l'autre était le mal. Vous n'étiez qu'un grain de sable, sans doute; mais qui vous dit que ce grain de sable n'eût pas fait incliner la balance de mon côté? Vous aviez une intelligence pour voir, une conscience pour choisir; vous deviez mettre ce grain de sable dans l'un ou dans l'autre : vous ne l'avez mis nulle part. Que le vent l'emporte! Il n'a servi ni à vous ni à vos frères. »

Je ne veux pas, mon cher ami, me faire, en mourant, cette triste réponse de l'égoïsme; et voilà pourquoi je termine à la hâte ce griffonnage, et je vous dis adieu.

Mais je m'aperçois que cette lettre a vingt pages; tant pis : il est trop tard pour la recommencer.

M. Charles Gosselin me demande un avertissement; si cette lettre est trop longue pour une lettre, faites-en une préface. Cela ne se lit pas.

DE LAMARTINE.

Saint-Point, 1er décembre 1838.

ENTRETIEN AVEC LE LECTEUR

I

A mesure que ma vie s'est avancée vers le milieu de l'existence, les poésies y sont devenues plus rares, comme les fleurs et les eaux deviennent plus rares en été. Je n'ai plus chanté qu'à de longs intervalles; j'ai pensé, j'ai parlé, j'ai agi, j'ai écrit en mauvaise prose : le temps pressait. L'art et le chant veulent du loisir, que je n'avais pas : aussi n'y a-t-il ni unité ni continuité dans les morceaux de poésie qui composent ce volume. Ce sont des fragments en vers de ma vie réelle.

La première pièce de ce recueil est un cantique sur la

mort de madame la duchesse de Broglie, fille de la femme immortelle qui a fait du nom de Staël un des grands noms français.

J'ai appelé ces strophes un cantique, parce que la pureté et la sainteté de la mémoire de madame de Broglie ne pouvaient inspirer qu'une véritable religion d'accents au poëte qui la célébrait. Je voulais que ma vénération et ma reconnaissance pour cette noble, belle et grande femme, retentissent de ma faible voix jusqu'au delà de son tombeau.

Voici comment j'avais eu le bonheur de la connaître. A l'époque où mes premiers vers, avant d'être publiés, commençaient à circuler dans les salons lettrés de Paris, un de mes amis, le comte de Virieu, me présenta à madame de Saint-Aulaire. Madame de Saint-Aulaire, dans toute la fleur de sa beauté, et déjà dans toute la maturité de son esprit, réunissait dans son salon tous les hommes, jeunes alors, qui se sont fait des noms depuis dans les lettres, dans les arts, à la tribune, dans les affaires publiques. Inconnu et réservé, j'y voyais, sans y être aperçu, M. Decazes, M. Guizot, M. Villemain, M. de La Fayette, M. le duc de Broglie, les ministres, les orateurs, les professeurs, les écrivains, les poëtes du moment. Madame de Saint-Aulaire était bien digne, par la grâce, par le charme et par le rayonnement doux et à demi-jour de son esprit, d'être le centre de cette réunion d'hommes et de femmes d'élite. J'y étais déplacé par ma jeunesse et par mon obscurité; mais la bonté de madame de Saint-Aulaire m'illustrait d'espérance; son indulgence m'encourageait à tenter aussi la célébrité. Elle me fit réciter deux ou trois fois quelques vers devant ces juges. Mon nom est éclos dans ce salon. Je ne passe jamais devant ce bel hôtel à grande cour de la rue de l'Université, sans me souvenir de l'effort que j'avais eu à faire sur moi-même pour vaincre ma timidité de jeune homme en la traversant, et sans envoyer mentalement un respect et une reconnaissance à la femme distinguée qui m'y accueillait.

J'étais, depuis ma tendre enfance, un admirateur exalté du génie et du caractère de madame de Staël. *Corinne* avait été mon premier roman, c'est le roman des poëtes. Le livre religieux, libéral, mystique, républicain *De l'Allemagne*, m'avait révélé à moi-même mes sentiments encore confus de métaphysique et de libéralisme. C'était le génie du Nord présenté à la France, qui l'ignorait, par la main d'une femme éminemment méridionale; l'éclat sur la profondeur. J'étais ivre du nom de madame de Staël.

Hélas! il n'y avait plus d'elle à Paris que son nom; elle venait de mourir. J'avais désiré passionnément l'entrevoir seulement sur la grande route de Genève à Coppet. J'avais attendu des journées entières le passage de sa voiture, assis sur les bords du fossé du chemin : je n'avais vu que la poussière des roues de sa calèche. Jamais je n'avais osé entrer dans sa cour à Coppet, me faire annoncer sous un nom inconnu du monde, et lui dire : « Voilà un passant qui ne veut emporter de vous qu'un rayon de votre génie dans ses yeux. » C'est ainsi que, lecteur fanatique alors de *René*, d'*Atala*, du *Génie du Christianisme*, j'étais allé souvent passer des heures dans les sentiers d'Aunay, habité par M. de Chateaubriand, sans oser sonner à sa porte. Je me contentais de monter sur une colline boisée qui dominait son jardin, et de l'apercevoir de loin, lisant, causant, ou écrivant sur ses pelouses. Le génie est une attraction et une terreur, comme tous les mystères : il m'a toujours inspiré quelque chose de cette impression de divinité que les Gaulois adoraient et redoutaient dans les femmes. Mais je désirais au moins voir cette fille de madame de Staël, incarnation féminine de ce génie viril de sa mère, la beauté de ses rêves, la vertu de ses conceptions.

Je priai madame de Saint-Aulaire, son amie, de me présenter à madame de Broglie. Elle voulut bien y consentir. Dès que j'eus aperçu la fille, je ne regrettai plus de n'avoir pas connu la mère. Elle effaçait tout. Elle fut pour moi pleine de grâce, d'indulgence, d'accueil. Elle avait une de ces beautés religieuses dont le vrai cadre est un sanctuaire ; toutes les pensées qui traversaient ses beaux yeux semblaient venir directement du ciel, et s'adoucir seulement en regardant les choses d'ici-bas, pour ne pas les consumer et les pulvériser du regard. Son âme, en effet, habitait les tabernacles d'en haut : c'était la mère de famille telle que Raphaël aurait pu la peindre, si la Vierge avait eu d'autres enfants qu'un Dieu? Madame de Broglie me présenta à son mari, déjà illustre alors, et chef studieux et éloquent de l'opposition à la Chambre des pairs. J'entrevis chez elle tout le personnel aristocratique et libéral de l'Europe, que son nom, son charme, et l'importance politique de son mari, attiraient dans son salon. Bientôt éloigné de Paris par des fonctions diplomatiques que je dus en partie à l'intérêt de ces deux femmes éminentes, je perdis de vue cette société ; mais je ne perdis jamais de ma mémoire les grâces de l'accueil dont j'y avais été honoré.

Madame de Broglie avait en religion le caractère que sa mère, madame de Staël, avait en génie : l'enthousiasme contenu, actif et éloquent. C'était la statue grave de la Prière, la femme de Dieu, pour lui appliquer cette belle et simple expression des hommes de bien par excellence : « C'est un homme de Dieu. » Quand j'appris sa mort prématurée, qui la cueillait avant l'été, mais déjà avec tous ses fruits, ma première pensée fut un cantique de glorification, et non de larmes. On ne pleure pas ce qu'on invoque. Son souvenir, pour tous ceux qui l'ont connue, ressemble moins à un deuil qu'à une transfiguration.

Séparé de cette société depuis 1830, par des principes et des sentiments politiques différents, je n'ai plus conservé de rapports avec cette maison que ceux du respect et des vœux pour le bonheur de sa famille et pour la gloire de son nom.

II

La seconde pièce de ce recueil est une ode mystique à un homme dont j'avais été l'ami, et qui, affligé par la perte d'une femme pieuse et charmante, cherchait sa consolation dans le sacerdoce. On y remarque, dès cette époque, une énergique aspiration à la lumière dans le culte. La raison seule est froide, la piété seule est souvent une superstition ; la raison pieuse est la perfection de l'adoration. Je l'ai exprimé dans ce vers :

Plus il fait jour, mieux on voit Dieu !

M. de Genoude est mort depuis ce temps-là, toujours la plume du journaliste à la main. Je lui ai dit vingt fois que le prêtre devait s'abstenir des luttes politiques, parce que Dieu était neutre dans nos partis ; et que le prêtre, pour être à sa place, doit représenter la neutralité de Dieu. Au reste, si cet homme spirituel, actif et bon, avait le fanatisme de son opinion, il n'en avait pas les haines. Il aimait ses adversaires en Dieu, tout en les combattant en politique. Sa victoire n'eût été qu'une sainte et généreuse amnistie. Mais le rôle du prêtre moderne n'est ni de vaincre ni de pardonner ; il est d'aimer et de servir. Depuis 1830 aussi, je ne voyais plus que rarement cet ancien ami de mes premiers vers. Nous nous aimions néanmoins à distance, et à travers des opinions politiques très-dissemblables. Tous les dissentiments de la terre sont ensevelis dans la terre ; les âmes dépouillent ces costumes du pays et du temps, en entrant au tombeau.

III

Le septième de ces recueillements s'adresse à une jeune fille poëte des bords du Danube, qui, sachant mon retour d'Orient par la Turquie d'Europe, vint m'attendre au passage à Vienne, où je devais m'arrêter. La poésie est une véritable parenté entre les âmes. Cette jeune fille, accompagnée de sa mère, avait quitté sa résidence à cent lieues de Vienne, et avait passé deux mois dans cette capitale, pour y adresser seulement un salut et un vœu d'heureux retour à un voyageur inconnu. Pendant les jours que je passai à Vienne, je la vis souvent, et je l'encourageai à cultiver ce génie sauvage mais fertile du Nord, dont elle était merveilleusement douée. J'ai su depuis qu'elle s'était mariée avec un jeune officier hongrois que j'avais vu chez sa mère, et qui partageait son enthousiasme pour la poésie dans toutes les langues.

IV

Le onzième me rappelle un de ces hommes rares qui ne font que traverser sans bruit la vie, en laissant une trace ineffaçable dans quelques cœurs. M. Guillemardet, fils de l'ancien ambassadeur de la Convention en Espagne, était un de ces caractères et un de ces esprits purement contemplatifs qui regardent le monde, les choses, les arts, les hommes, mais qui ne s'y mêlent que par le regard. Ce sont les meilleurs des juges en tout, parce qu'ils n'ont point de parti; les meilleurs des amis aussi, parce qu'ils n'ont point de personnalité, et rien que du dévouement. En général, ces natures d'élite, délicates et tendres, meurent jeunes, parce qu'elles ne jettent pas, dans cette boue où nous trempons, les racines amères mais fortes de nos passions. Quand elles ont bien regardé et bien dédaigné ce triste spectacle du monde, elles se détournent et elles s'en vont. Le jeune homme s'en est allé aussi, mais non sans avoir aimé quelques âmes plus ou moins semblables à la sienne. J'ai été du nombre, et je m'en souviendrai toujours.

Il venait quelquefois, l'été, passer des mois auprès de nous dans la solitude. On ne s'apercevait pas qu'il y avait un hôte de plus dans la maison, tant il était paisible, silencieux, et pour ainsi dire invisible à côté de vous. Seulement, si la conversation prenait un tour philosophique ou sentimental, si l'on se trouvait en face d'un de ces grands problèmes de la pensée, si l'on passait devant un beau site, si l'on s'arrêtait devant une peinture, si l'on écoutait une musique, si on lisait une page, le mot juste que chacun cherchait pour rendre sa sensation sortait à voix basse de sa bouche ; il avait mieux vu, mieux compris, mieux senti, mieux deviné, mieux révélé que tout le monde. On se taisait et on admirait, et lui-même rentrait dans sa modestie et dans son silence. Grande et belle âme qui aurait pu produire, et qui resta stérile, à force de sentiment et de perfection.

V

Le seizième recueillement, adressé en réponse à une admirable épître de M. Adolphe Dumas, jeune poëte qui a grandi depuis et qui grandit encore, est une de mes poésies que je relis avec le plus d'indulgence paternelle. Elle a la facilité du loisir, l'insouciance de l'homme qui s'endort, la sérénité du bonheur. J'étais oisif, insouciant, heureux, quand je l'écrivis au pied d'un chêne, à Saint-Point, un jour d'été, en 1838. En la relisant, j'y sens encore le rayon sur ma page, le tremblement de la feuille sur mon papier, le vent rafraîchissant du champ de blé sur mon front. Je venais de lire, peu de jours auparavant, quelques épîtres d'Horace et de Voltaire, le *Sévigné* immortel de la poésie familière. J'ai moi-même un goût naturel très-vif pour ce genre pédestre de poésie. J'aurais aimé à écrire une épopée domestique dans le style de l'*Arioste* ou de *Don Juan*. J'ai été retenu par le sentiment de respect pour la poésie ; j'ai craint de faire une profanation. Les vers sont la forme transcendante et pour ainsi dire divinisée de la pensée : les remplir de rien, c'est les avilir. Il ne faut pas mettre le vin de Champagne dans le calice des holocaustes. On pense enchâsser ses larmes dans les vers, mais son rêve, non. Voilà pourquoi mes vers ont toujours été graves, souvent tristes, quelquefois pieux, jamais ou rarement légers. Mais je comprends cependant la conversation en vers; et quand je n'aurai plus ni passions dans le cœur, ni aspirations élevées dans l'âme, ni idées dans la tête, ni larmes dans la mémoire, je reprendrai avec plaisir la causerie familière en vers souriants et indolents, sur le ton de cette lettre à Dumas.

VI

La vingt et unième poésie de ce recueil est adressée à M. Dargaud, traducteur de Job et historien de Marie Stuart, ami de la seconde époque de ma vie, et j'espère aussi de ma dernière. Cette méditation (car c'en est une, et une des plus inspirées) a été peu connue jusqu'à présent du public, parce qu'elle n'a été insérée que dans ce volume, publié presque sans retentissement dans un moment où l'esprit public était déjà distrait de la poésie par le pressentiment des révolutions prochaines. Néanmoins, si je faisais un choix parmi mes faibles œuvres, je conserverais ce cantique comme un des moins imparfaits. J'y retrouve toutes les grandes images que mon voyage en Judée a laissées dans mes yeux, toutes les voix du désert qu'il a laissées dans mon oreille. Pour comprendre le roi des poëtes de l'âme, *David*, il faut avoir vu les sables désolés de Jéricho, les rochers sinistres de Saint-Saba; il faut avoir écouté, l'oreille à terre, filtrer goutte à goutte la fontaine unique et aride de Siloé, dans le ravin de Jérusalem. J'ai rêvé mentalement tout cela en écrivant le cantique sur David : je sais par cœur ses plus admirables psaumes, je prie avec ses versets, je chante et je pleure intérieurement aux sons de sa harpe. Job, Homère, David, sont les trois poëtes de ma prédilection. On ne descend pas plus profondément dans l'abîme de la destinée humaine que Job, on ne retrace pas plus pathétiquement la nature humaine qu'Homère, on ne gémit pas plus douloureusement que David. Les poëtes qui les ont suivis ont été des artistes : ceux-là sont des hommes, plus que des hommes : des géants de l'expression. Quand on les a lus, on n'a qu'à se taire.

VII

Voici l'origine de ce vingt-troisième recueillement, intitulé *Utopie*.

Il y avait à Mâcon un jeune médecin né à Dijon, nommé Bouchard, une de ces natures studieuses, sérieuses, silencieuses, recueillies en elles-mêmes, qui ne montrent rien au dehors, qui se contentent, comme l'écrin, de contenir des choses exquises, et qui ne se révèlent ce qu'elles sont qu'involontairement et par hasard. Exclusivement occupé de sa profession, savant et charitable, M. Bouchard se répandait peu ; je ne le connaissais que de vue. Je ne soupçonnais pas en lui un émule en poésie.

A mon départ pour l'Orient, en 1832, il écrivit ces adieux poétiques et touchants qu'on lira à la fin de ce volume ; il ne me les adressa même pas. Je ne le connus que deux ans plus tard, à mon retour, par un ami commun, fureteur obligeant de toutes les belles choses, qu'on appelait M. Ronot, et qui vient de laisser, en mourant, une place vide dans tous les bons cœurs du pays. Ces vers me ravirent ; je voulus remercier l'auteur dans sa langue. Je tâchai de m'élever par la pensée à la hauteur où M. Bouchard s'était placé pour contempler le large horizon de l'avenir. J'écrivis l'*Utopie*. Je la consacrai à son nom.

Cette méditation est certainement, selon moi, une des moins indignes du regard des philosophes, peut-être aussi des poëtes. Je n'ai jamais ouvert plus large mon aile, si j'ai des ailes ; jamais vu de plus haut, jamais regardé plus loin, jamais touché de plus près. Quand je veux me souvenir que je fus poëte, ce sont des strophes de l'*Utopie* que je me plais à me réciter. Mais cette méditation, comme toutes celles de ce volume, était demeurée inconnue : *Habent sua fata libelli*. Ce n'était pas le temps des vers. J'espère toujours que l'heure de cette *contemplation* reviendra. Il faut pardonner ces illusions aux artistes : sans l'espérance d'être un jour compris, que feraient-ils ?

Depuis ce temps, le jeune médecin M. Bouchard est rentré aussi dans le silence ; il passe humblement sa vie au chevet des pauvres malades. Il a mis sa poésie en actions : il sera moins déçu que nous, qui la mettons en vers.

VIII

Voici comment j'écrivis ces strophes sur la cloche de Saint-Point, à une époque de ma vie où je n'écrivais plus que de la prose :

Je suis voisin de campagne d'un jeune homme qui porte un nom illustre dans les lettres du dix-huitième et du dix-neuvième siècle à la fois, le nom de l'historien de la *Révolution française*, M. de Lacretelle. Ce jeune homme a été nourri de haute littérature dans une maison où l'histoire, la poésie, l'éloquence, sont ce que Cicéron appelait les *dieux lares de sa bibliothèque à Cerpinum*. La nature semblait l'y avoir prédestiné : il a l'âme élevée, le cœur sensible, l'imagination impressionnable, l'esprit délicat, le goût épuré. Il a, par-dessus tout, ce qu'on nommait jadis le feu sacré, c'est-à-dire l'enthousiasme, qui allume tout. Il a balbutié presque en naissant de beaux vers : quand les années l'auront mûri, il portera des fruits sains et de toutes les saveurs ; le nom de sa famille éclatera en lui par quelque autre côté de gloire littéraire ou politique. Quant à son cœur, il est le cœur d'un enfant, il n'a ni pli ni repli ; c'est un premier mouvement toujours bon, et un premier mot toujours heureux. On le lit sur son visage, et ce visage est son meilleur livre. J'aime ce jeune homme comme on aime un vieux portrait de soi-même peint pendant sa fleur de jeunesse, et qu'on retrouve par hasard au fond d'un portefeuille, avec ses cheveux blonds, ses yeux non encore ternis, et son expression de candeur sur ses lèvres de seize ans.

Un soir de l'année 1840, je le vis arriver à Saint-Point ; il venait me faire ses adieux, il partait pour l'Italie. Je lui donnai l'hospitalité familière d'un hôte qui réjouit toujours et qui n'embarrasse jamais la maison. Il coucha au dernier étage d'une haute tour dont la fenêtre ou plutôt la lucarne ouvre sur la vallée, en face du clocher roman de la vieille église de Saint-Point. Il n'y a qu'un jet de pierre ou un vol de passereau entre ce clocher et cette tour ; le moindre ébranlement de la cloche fait tinter les vitres, et réveille, avant le jour, mes hôtes dans leurs lits. L'*Angelus* du matin éveilla le jeune poëte ; il entendit dans ces sons, souvent importuns, des accents que nous n'y discernons pas nous-même. Il se leva, et il écrivit d'admirables et touchantes strophes, que l'on retrouvera ici. Il partit avant l'heure où je vois mes hôtes le matin, chargeant le vieux palefrenier qui lui sella son cheval de me remettre un papier : ce papier contenait ses beaux adieux en vers. Je fus attendri en les recevant ; ils ébranlèrent en moi je ne sais quelles fibres sensibles et douloureuses qui dorment mal au fond de ma mémoire. Je me crus encore poëte, parce que j'étais encore ému. Le jour était chaud. Je pris mon fusil, un livre à marges blanches et larges, un crayon. Je gravis la montagne ; je fis lever, sans les tirer, quelques familles de perdrix grises qui me connaissent, et qui revinrent avec confiance becqueter la bruyère autour de mon arme couchée à terre. J'entendis de loin la cloche de midi, à travers les bois ; je m'assis sous un châtaignier dont les racines, soulevées de terre, forment un divan naturel de gazon, et j'écrivis lentement ces vers. Le soir, en rentrant, je les envoyai par un garde au château de Cormatin, séjour de M. de Lacretelle.

Ces vers sur la cloche de mon village sont du petit nombre de ceux que je voudrais conserver, non comme un titre de gloriole poétique, mais comme souvenir de sentiment vrai et d'affection durable ; je les placerais, si j'étais à moi-même mon propre juge, au meilleur rang des *Méditations* ou des *Harmonies*. Ce n'est pas de l'art, c'est de la nature ; ce n'est pas du son, c'est une palpitation du cœur ; ce n'est pas de l'encre, ce sont des larmes écrites. Si j'avais publié cela vingt ans plus tôt, on les saurait par cœur. Personne ne les a lus : ce n'est plus l'heure. Les dates sont beaucoup dans les choses : le monde avait, quand ils parurent, d'autres soucis. Seulement les dates reviennent ; il y a des anniversaires d'idées dans la vie des siècles, comme il y a des anniversaires de naissance et d'événement dans la vie des individus. *Dante* a été oublié pendant trois siècles, et puis tout à coup l'Europe s'est aperçue qu'elle avait une grande épopée originale enfouie dans les traditions littéraires de la Toscane. *Milton* a dormi plus d'un siècle dans son tombeau, sans qu'on eût déroulé dans le manuscrit du *Paradis perdu* le legs immortel qu'il avait fait à l'Angleterre. *Boileau* a fait croire pendant cent cinquante ans, à la France, que *Pétrarque*, le plus accompli des poëtes de sentiment, égal en expression à Virgile, n'était qu'un faiseur de sonnets et un rimeur de jeux de mots ; puis l'heure du grand et divin Pétrarque est revenue, et ce sera l'heure éternelle, et on le nommera à jamais le Platon mélodieux des poëtes.

Je ne dis pas cela pour moi : tout ce que j'ai écrit de vers ne vaut pas un sonnet parfait de Pétrarque ; mais je le dis pour expliquer à mes lecteurs, toute proportion gardée, pourquoi des méditations médiocres ont eu leur sourire de gloire, et pourquoi l'*Utopie*, l'*Epître à Dumas* et la *Cloche de Saint-Point* sont restées dans l'ombre et dans l'oubli. Les hommes ont des hasards de célébrité comme les lieux : voilà ! Ils ne doivent ni s'enorgueillir de leur succès, ni s'humilier de leur revers ; mais faire de leur mieux dans tous les temps, et s'en rapporter de leurs œuvres à leurs œuvres, plus qu'à la renommée.

IX

Viennent ensuite, à M. Aimé-Martin, les strophes semi-sérieuses sur ses livres, c'est-à-dire à M. Aimé-Martin sur sa vie, car sa vie c'était sa pensée. Il est mort le dernier des hommes de lettres : il s'est consumé en pensant.

La France a perdu en lui un bon et modeste écrivain ; j'ai perdu plus : j'ai perdu un véritable ami, indulgent par tendresse, sévère par tendresse aussi quand il le fallait pour moi. Je ne le regretterai jamais assez. Il vivait en moi, et son testament même était plein de mon nom : il se léguait tout entier après lui, cœur, gloire et fortune, à mon souvenir.

Je l'avais connu tard, pendant un voyage qu'il faisait avec sa femme en Italie : il me connaissait comme poëte. Je l'accueillis à Florence comme un compatriote, et comme un poëte aussi. Son caractère était encore très au-dessus de son talent, c'est-à-dire que ce qui fait l'homme était en lui très-supérieur à ce qui fait l'artiste. Or, quand on approche de très-près, l'artiste disparaît et l'homme reste. Dans Aimé-Martin ce qui était vraiment grand, c'était la bonté.

Il était né quelque temps avant la révolution, dans le petit village de Rilleux, sur les bords du Rhône, auprès de Lyon. Son père, propriétaire rural, d'une fortune aisée, lui avait fait donner une éducation savante. Il avait la passion de la littérature, parce qu'elle est la forme de la pensée et le signe de la civilisation. S'il était né à Athènes, ou à Alexandrie, ou à Jérusalem, il aurait été du nombre de ces disciples qui laissaient tout pour s'attacher à un philosophe, à un sage, à un prophète, et pour se donner, dans son école ou dans sa secte, la seule famille à laquelle ils se dévouassent ici-bas, la famille spirituelle. Il aimait la poésie aussi, non pas précisément pour elle-même, mais comme un véhicule de vérité qui fait sonner plus haut et qui porte plus loin les idées. Il commença par écrire un livre didactique sur la science naturelle, entremêlé et illustré de vers faciles et gracieux. Ce livre lui fit une renommée précoce dans un temps où l'on ne comprenait en France, sous l'Empire, la poésie que comme un élégant badinage rimé, un jeu de la langue, de l'oreille et de l'esprit; mais il ne s'enivra pas de son succès poétique : il sentait le premier qu'il y avait une poésie à découvrir au fond du cœur, qui n'était pas ce gazouillement suranné du bout des lèvres. Il se plongea dans les fortes études. La contention d'esprit vers la gloire littéraire ne l'absorbait pas tellement qu'il ne lui restât un grand goût vers les autres gloires futiles de la jeunesse. Grand de taille, souple de membres, sculpté en athlète, l'œil prompt et vif, le pied et la main lestes, le visage taillé à rudes équarrissures, mais la bouche fine, et le sourire illuminé de bienveillance et de franchise, il s'adonna à tous les exercices qui fortifient et assouplissent le corps : il passait une partie de ses journées dans les salles d'armes, luttant avec les grands maîtres d'escrime du temps. Cette analogie de goût contribua plus tard à nous lier. Il devint le roi du fleuret, le *Saint-Georges* du jour, la première lame de l'Europe. Il avait la vie de tous ses adversaires à la pointe de son épée, mais il n'avait point d'ennemis; il ne savait pas haïr. Le combat n'était qu'un jeu d'adresse pour lui, une philosophie de mouvement ; jamais une goutte de sang ne tacha sa supériorité dans les armes : il aurait donné le sien pour un enfant. Il cherchait un maître en philosophie : l'amour le lui donna.

Bernardin de Saint-Pierre, l'auteur de *Paul et Virginie*, un des premiers livres du cœur, vivait alors à Paris. C'était un beau vieillard de près de quatre-vingts ans, tel que les bas-reliefs de marbre antique nous représentent le philosophe de *Sunium* entouré de ses disciples, l'œil inspiré, la bouche d'or, les cheveux flottants, le geste affectueux et grave. Ce beau vieillard conservait sous la neige l'adoration de la jeunesse et de la beauté. Il venait d'épouser une jeune fille d'un grand nom, de formes accomplies, d'un esprit sérieux et tendre, d'une vertu pieuse, mademoiselle de Pelleporc.

Elle avait un culte et presque une adoration pour ce sage, beau d'une autre beauté lui-même, qui lui avait confié ses derniers jours. Aimé-Martin, introduit comme disciple chez Bernardin de Saint-Pierre, conçut une pure et respectueuse passion pour cette jeune femme, fleur de dix-neuf ans, croissant si près d'un tombeau. Il était trop probe de cœur pour avouer son sentiment à celle qui en était l'objet, et pour déshériter ce vieillard du bonheur et de la sécurité de son dernier amour : il ne se l'avoua pas à lui-même tant que M. de Saint-Pierre vécut ; mais, à son insu, il y eut dans son dévouement pour son maître quelque chose de plus filial et de plus tendre que si ce philosophe n'eût pas eu cette Héloïse dans sa maison.

Quelque temps après la mort de Bernardin de Saint-Pierre, Aimé-Martin, devenu célèbre et riche, demanda et obtint dans la main de sa jeune veuve la récompense de sept années de servitude volontaire, comme Jacob. Jamais union ne présenta un spectacle plus touchant et plus continu de bonheur. Le culte de Bernardin de Saint-Pierre était encore vivant dans cette maison : son image était partout, ses maximes sur les lèvres, sa mémoire dans les deux cœurs. Le mari et la femme se sentaient également ses enfants; ils m'aimèrent surtout parce que j'aimais moi-même Bernardin de Saint-Pierre : ma mère l'avait connu ; elle m'avait nourri de ses *Études de la Nature* et de ses poëmes, si simples qu'ils sont le lait des enfants comme le vin des vieillards.

Aimé-Martin est mort quelque temps avant notre dernière révolution. Il avait le pressentiment des grandes révélations que Dieu fait aux hommes par ces événements, plus forts qu'eux. Les monarchies et les républiques lui étaient indifférentes; mais il croyait à l'avénement progressif des vérités nouvelles en tout genre, et il priait Dieu de les répandre sur l'humanité avec le moins de foudres possible sur les nouveaux Sinaïs.

J'étais à Paris, je serrais sa main mourante : il me dit, en nous séparant, ces deux mots, les derniers qu'il ait prononcés avant les balbutiements des derniers rêves : « Courage, et espérance en Dieu! » Je les entends encore, je les entendrai toujours. Je le conduisis à sa dernière demeure, et je prononçai, le pied sur sa tombe, l'adieu de ses nombreux amis. Ce sont les seules paroles que j'aie jamais prononcées sur une tombe, où Dieu seul doit parler ; mais il fallait une voix à tant de larmes, et ses amis voulurent ma voix.

Qu'il assiste en paix à nos efforts, et qu'il nous redise encore, du haut du ciel : « Courage et espérance! » La France a besoin des deux.

DISCOURS

PRONONCÉ

SUR LA TOMBE DE M. AIMÉ-MARTIN

Messieurs,

Nous voici arrivés auprès de la tombe de l'auteur de *Paul et Virginie* et des *Études de la Nature*, pour y déposer le disciple à côté du maître.

Je n'ai jamais parlé en face d'un cercueil. Quand l'homme entre par cette porte mystérieuse dans l'immortalité, aucun bruit de la terre ne doit le suivre, selon moi, excepté le bruit des pas des amis qui l'accompagnent jusqu'au seuil. Il y·a entre ces deux vies, dont l'une commence, dont l'autre finit au bord de cette fosse, un abîme qu'aucune parole humaine ne peut franchir. Sur cette limite de l'infini, tout paraît petit, même ce qu'il y a de plus grand dans l'homme, ses affections et ses douleurs. Taisons-nous donc, si nous regardons du côté éternel de ce sépulcre.

Mais si nous regardons du côté terrestre, disons aux survivants quel fut l'homme que nous ensevelissons ici dans l'estime universelle de ses contemporains, dans la mémoire bienveillante de son siècle, et dans les inconsolables regrets de ses amis.

Toute la vie d'Aimé-Martin se raconte en un mot. Il fut un homme de lettres dans l'antique et grande signification de ce mot; c'est-à-dire qu'après avoir jeté un regard sur toutes les occupations, sur toutes les ambitions, sur toutes les gloires qui s'offrent à l'homme de talent à son entrée dans la vie, il n'en trouva qu'une digne de lui : cultiver sa pensée, perfectionner son intelligence, grandir, ennoblir, élever, diviniser son âme, et la rapporter à son Créateur plus lumineuse, plus pure, plus sainte qu'il ne l'avait reçue de ses mains. Découvrir Dieu dans ses œuvres, le faire comprendre, adorer, bénir dans sa création, ce fut sa tâche à lui. Sa vie entière ne fut que travail; ce travail, qu'un acte de foi dans la Providence ici-bas, dans l'immortalité ailleurs. Si la tombe devait tromper les espérances de l'homme de bien, aucun mourant n'eût été plus déçu que lui par le néant. Mais Celui qui ne trompe pas l'instinct d'un moucheron ne trompera pas le pressentiment du juste ; il est entré, n'en doutons pas, en possession de ses espérances et en jouissance de sa foi.

Quelle était sa philosophie? Vous le savez tous, vous qui avez recueilli comme moi, dans ses livres ou dans ses entretiens, les confidences de son âme. Sa philosophie, c'était la sagesse humaine du genre humain dépouillée des erreurs de chaque siècle et de chaque secte, datant de la raison humaine, et venant se déposer dans l'Évangile comme dans un réservoir commun de toutes les morales, pour couler de là dans des canaux divers en se grossissant et en s'épurant toujours dans les idées, dans les mœurs, dans les institutions d'un monde indéfiniment perfectible. Il avait trouvé dans sa vie même l'occasion et pour ainsi dire la filiation de ses idées : il avait épousé la veuve de Bernardin de Saint-Pierre; hélas! deux fois veuve aujourd'hui de deux nobles amis, digne elle-même de cette alliance avec des pensées et des génies qu'elle était faite pour comprendre, qu'elle était digne d'inspirer.

Jean-Jacques Rousseau, sur la fin de ses jours, dans ses promenades solitaires et dans ses herborisations autour de Paris, avait versé son âme dans celle de Bernardin de Saint-Pierre; à son tour, l'auteur de *Paul et Virginie*, dans sa vieillesse, avait versé la sienne dans le cœur d'Aimé-Martin, son plus cher disciple. En sorte que, par une chaîne non interrompue de conversations et de souvenirs rapprochés, l'âme d'Aimé-Martin avait contracté parenté avec les âmes de Fénelon, de Jean-Jacques Rousseau et de Bernardin de Saint-Pierre : société spiritualiste, génération intellectuelle de Platon, dont il aurait été si doux à notre ami de prévoir que les noms seraient prononcés sur son cercueil, comme ceux de ses parrains dans l'immortalité.

Sa vie privée ne fut qu'une longue série d'amitiés. Il compta toujours parmi les plus illustres celle de M. Lainé, ce ministre philosophe, digne, si les temps l'avaient permis, d'être un jour dans notre histoire nommé le Turgot de la liberté!

Parmi ces amitiés, ne faut-il pas compter au premier rang celle qu'il contracta avec le brave général Gazan, dont vous voyez les larmes tomber sur trois cendres à la fois devant vous, qu'il avait choisi, avec l'admirable prévoyance de son cœur, pour l'époux de sa fille adoptive, et qui lui rendit en sentiment filial ce qu'il lui avait donné en bonheur dans une épouse justement adorée?

Enfin, vous tous qui attestez, par votre concours ici, l'attachement qui vous unit à sa mémoire, est-il un seul d'entre vous qui ne se dise dans son cœur : « Un des meilleurs d'entre nous nous a quittés? »

Quant à moi, qu'une amitié plus intime et plus privée encore unissait, depuis vingt ans, à ce frère de mon cœur et de mon choix, je puis dire que j'enferme avec lui, dans ce sépulcre, une part des meilleurs jours de mon passé, de mes plus sublimes conversations ici-bas, et de nos plus chères espérances de réunion dans le sein de ce Dieu qui a créé l'amitié pour faire supporter la terre, et qui a créé la mort pour faire regarder au delà du tombeau!

RECUEILLEMENTS

POÉTIQUES

1

CANTIQUE

SUR

LA MORT DE MADAME LA DUCHESSE DE BROGLIE

I

CANTIQUE

SUR

LA MORT DE MADAME LA DUCHESSE DE BROGLIE

Saint-Point, 15 novembre 1838.

Quand le printemps a mûri l'herbe
Qui porte la vie et le pain,
Le moissonneur liant la gerbe
L'emporte à l'aire du bon grain ;
Il ne regarde pas si l'herbe qu'il enlève
Verdit encore au pied de jeunesse et de séve,
Ou si, sous les épis courbés en pavillon,
Quelques frêles oiseaux à qui l'ombre était douce
Du soleil ou du vent s'abritaient sur la mousse,
    Dans le nid caché du sillon.

Que lui fait la fleur bleue ou blanche
Qui, liée au faisceau doré,
Sur le bras qui l'emporte, penche
Son front mort et décoloré ?
« Portez les blonds épis sur mon aire d'argile !
» Faites jaillir le blé de la paille fragile !
» La fleur parfumera le froment de son miel,
» Et, broyé sous la meule où Dieu fait sa mouture,
» Ce grain d'or deviendra la sainte nourriture
» Que rompent les enfants du ciel ! »

Seigneur, ainsi tu l'as cueillie
Aux jours de sa félicité,
Cette femme qui multiplie
Ton nom dans sa postérité !
En vain dans le lit d'or dont ses jours étaient l'onde
On voyait resplendir l'eau limpide et profonde,
En vain sa chevelure à ses pieds ruisselait,
En vain un tendre enfant, dernier fruit de sa couche,
Ouvrait les bras à peine et s'essuyait la bouche
Teinte encor de son chaste lait.

Tu vois cette âme printanière,
Fructifiant avant l'été,
Répandre en dons, comme en prière,
Son parfum de maturité ;
Et tu dis à la Mort, ministre de ta grâce :
« Laisse tomber sur elle un rayon de ma face ;
» Qu'elle sèche d'amour pour mes biens immortels ! »
Et la Mort t'obéit, et t'apporte son âme,
Comme le vent enlève une langue de flamme
A la flamme de tes autels.

O Dieu! que ta loi nous est rude!
Que nos cœurs saignent de tes coups!
Quel vide et quelle solitude
Fait cette absence autour de nous!
Par quel amour jaloux, par quel cruel mystère,
De tout ce qui l'ornait dépouilles-tu la terre?
N'avons-nous pas besoin d'exemple et de flambeau?
Et, pour que ton regard sans trop d'horreur s'y pose,
Dieu saint, ne faut-il pas que quelque sainte rose
    Te parfume ce vil tombeau?

Elle était ce thym des collines
Que l'aurore semble attirer,
Que pour embaumer nos poitrines
Nos lèvres venaient respirer.
Dans cet air froid du monde infecté par le vice,
Ses lèvres de corail ouvraient leur pur calice
D'où coulait ta parole en célestes accents.
Combien de fois moi-même, embaumé de ses grâces,
Comme au sortir d'un temple, en sortant de ses traces,
    Je sentis mon cœur plein d'encens!

Oh! qui jamais s'approcha d'elle
Sans éprouver sur son tourment
D'une brise surnaturelle
Le divin rafraîchissement!
Au timbre de sa voix, au jour de sa paupière,
Qui de nous ne sentit fondre son cœur de pierre,
Et ne dit en soi-même, en l'écoutant parler,
Ce que disait l'apôtre au disciple incrédule:
« Ne sens-tu pas, mon cœur, quelque chose qui brûle,
    » Et qui demande à s'exhaler? »

Elle était née un jour de largesse et de fête,
D'une femme immortelle au verbe de prophète :
Le génie et l'amour la conçurent d'un vœu !
On sentait, à l'élan que retenait la règle,
Que sa mère l'avait couvée au nid de l'aigle,
     Sous une poitrine de feu.

Les palpitations de l'âme maternelle
Au delà du tombeau se ressentaient en elle;
Elle aimait les hauts lieux et le libre horizon;
Un élan naturel l'emportait vers les cimes
Où la création donne aux âmes sublimes
     Les vertiges de la raison.

Dès qu'un seul mot rompait le sceau de ses pensées,
On les voyait monter vers le ciel élancées,
Jusqu'où peut s'élever la contemplation.
Son œil avait l'éclair du feu sur une armure,
Et le son de sa voix vibrait comme un murmure
     Des grandes harpes de Sion.

Elle montait ainsi jusqu'où l'on perd de vue
L'âme contemplative à son Dieu confondue,
Perçant avec la foi les voiles de la mort;
Et revenait, semblable à l'oiseau du déluge,
Rapporter un rameau de paix et de refuge
     Aux faibles qui doutaient du bord.

L'amour qui l'enlevait la ramenait au monde,
Non pas pour s'abreuver comme nous de son onde,

Non pas pour se nourrir du pain qu'il a levé,
Mais pour faire choisir parmi la graine amère,
A ces petits enfants, dont elle était la mère,
    Quelques tiges de sénevé !

Ce grain qu'elle cherchait comme la poule gratte
Le froment ou le mil sur une terre ingrate,
C'était, Seigneur, c'était les lettres de ta loi ;
C'était le sens caché dans les mots du saint livre,
Dont le silence parle, et dont l'esprit fait vivre
    Ceux qui se nourrissent de foi !

    Au bruit du monde qui l'admire
    Et se pressait pour l'escorter,
    Comme l'onde autour du navire
    Pour l'engloutir ou le porter ;
    Aux nœuds d'une gloire importune
    Qui l'enchaînait à sa fortune,
    Elle, éprise d'autre trésor ;
    A l'œil de l'amitié ravie,
    Qui regardait luire sa vie
    Humble dans un chandelier d'or ;

    Aux roulis inconstants de l'onde,
    Où le souffle orageux des airs
    L'agitait sur la mer du monde
    A la lueur de nos éclairs ;
    A ces foudres, à ces naufrages
    Qui jettent sur tous les rivages

Nos respects avec nos débris ;
A ces tempêtes populaires
Qui font sombrer dans leurs colères
Ceux que soulevaient leurs mépris,

Elle échappait rêveuse et tendre,
Par ce divin recueillement
Qui fait silence pour entendre
Le vol de l'ange au firmament.
Grâce au bras que son Christ lui prête,
Elle marchait sur la tempête
Sans tremper ses pieds au milieu ;
Et cette figure céleste,
Esprit et corps, n'était qu'un geste
Qui foulait l'onde et montrait Dieu !

Quelle ombre du Très-Haut sur elle,
Quelle auguste et sainte pudeur
Comme un séraphin sous son aile
La revêtait de sa splendeur !
Comme toute profane idée
Disparaissait intimidée
Sous le rayon de sa beauté !
Comme le vent de pure flamme
Balayait de devant cette âme
Toute cendre de volupté !

Ton amour, ô Seigneur, est dans l'amour suprême !
L'amour de ces enfants en qui le chrétien t'aime ;
Sur leurs cœurs ulcérés cette huile de ta foi ;
Ces aumônes d'esprit en pages de ta loi ;
Ces pains multipliés pour nourrir leurs misères ;
Ces conversations la nuit avec ses frères
Pour charmer leur exil en se parlant de toi ;
Ces cœurs fertilisés se fondant en prières
   Aux hymnes du prophète-roi :
C'étaient là de ses nuits les voluptés sévères.
Anges qui les voiliez, ô redites-les-moi !

   Dites, oiseaux évangéliques,
   Passereaux du sacré jardin,
   Dont les notes mélancoliques
   Enchantent les flots du Jourdain ;

   Saintes colombes de ces saules,
   Qui, joignant vos pieds de rubis,
   Veniez percher sur les épaules
   Du pasteur des douces brebis ;

   Oiseaux cachés parmi les branches
   Sur les bords du sacré vivier,
   Qui couvrez de vos ailes blanches
   Le térébinthe et l'olivier ;

   Vous qui même à son agonie,
   Accourant à sa sainte voix,
   Veniez mêler votre harmonie
   Aux gémissements de sa croix ;

Dites quels amoureux messages
Ou de tristesse ou de douceur,
Du désert et des saints rivages,
Vous apportiez à cette sœur !

Dites quelles saintes pensées
Sous l'arbre de la Passion,
Dites quelles larmes versées
Sur la poussière de Sion,

Vous remportiez sur les racines
Du jardin des saintes douleurs,
Et vous versiez dans les piscines
Où Jésus répandit ses pleurs !

Ces colombes un jour aux rives immortelles
Emmenèrent d'ici cette sœur avec elles,
Pour goûter, ô Seigneur, combien ton ciel est doux
Elle alla se poser sur les rosiers mystiques
Que le Siloé baigne au jardin des cantiques,
  Et ne revint plus parmi nous !

Elle n'est plus ! Le jour a pâli de sa perte !
Où son cœur comblait tout, que la place est déserte !
Berceau de ses enfants, maison de son époux,
Seuils des temples sacrés où pliaient ses genoux,
Prisons dont sa clef d'or écartait les verrous,
Porte des malheureux par son aumône ouverte,
  Comment vous consolerez-vous ?
Et nous, cœurs ténébreux dont la lampe est couverte,
  Nous ses amis, que ferons-nous ?

Remplirons-nous les cieux du cri de nos alarmes?
Nous inonderons-nous de cendres et de larmes?
Répandrons-nous notre âme en lamentations,
Comme ceux qui n'ont pas l'espoir dans leurs calices,
Et qui ne mêlent pas le sel des sacrifices
  A l'eau de leurs afflictions?

Non! nos yeux souilleraient d'une tache profane
De l'immortalité la robe diaphane.
Pleurer la mort des saints, c'est la déshonorer!
Quand Dieu cueille son fruit mûr sur l'arbre de vie,
A qui donc appartient la douleur ou l'envie?
  Qui donc a le droit de pleurer?

Non! nous élargissons les ailes de notre âme,
Pour aimer l'esprit pur où nous aimions la femme.
Époux, enfants, amis, point de pleurs, point d'adieu!
Celle dont ici-bas l'ombre s'est éclipsée
Devient pour nos esprits une sainte pensée
  Par qui notre âme monte à Dieu!

  Gloire à Dieu! grâce à la terre,
  Qui, s'ornant de si beaux dons,
  Par un terrible mystère
  Te rend ceux que nous perdons!
  Gloire à ce morceau d'argile
  Où, dans une chair fragile

Qu'anime un sacré levain,
D'une étincelle de vie
Prêtée un jour et ravie,
Tu fais un être divin!

Frères, qu'elle sera belle
La société des saints
Où va nous attirer celle
Qui vit encor dans nos seins!
Où s'uniront dans la gloire
Comme dans cette mémoire
Génie, amour et beauté,
Ces trois sublimes images
De tes plus parfaits ouvrages,
Symbolique Trinité!

Là, ces âmes fugitives
Qui, sans se poser au sol,
Ne font, cherchant d'autres rives,
Qu'effleurer nos flots du vol;
Là, ces natures célèbres
Qui traversent nos ténèbres
En y jetant leur éclair;
Là, ces enfants et ces femmes,
Toute cette fleur des âmes
Qui laisse un parfum dans l'air.

Vous y souriez ensemble
A ceux qui cherchent vos pas,
Divins esprits que rassemble
Le cher souci d'ici-bas!

J'y vois ta grâce, ô ma mère!
Et toi, goutte trop amère
De mon calice de fiel,
Fleur à ma tige enlevée
Et dans mon cœur retrouvée,
Qui donnez son nom au ciel!

Apparitions célestes,
Disparaissant tour à tour,
Qui d'en haut nous font les gestes
Que fait l'amour à l'amour;
Tendresses ensevelies
Sous tant de mélancolies,
Qu'un jour doit ressusciter;
Feux que notre nuit voit poindre,
Oh! mourons pour les rejoindre!
Vivons pour les mériter!

———

Un jour elle disait à celui qui la pleure :
« Le monde n'a qu'un son, la gloire n'a qu'une heure.
Suspendez votre harpe aux piliers du saint lieu!
Mélodieux écho des accords prophétiques,
Chantez aux jours nouveaux les éternels cantiques!
　　　Dieu donc n'est-il pas toujours Dieu? »

Je lui jurai, Seigneur, de célébrer ta gloire;
Et le vent de la vie emporta ma mémoire,

Et le courant du monde effaça ses accents;
Et le foyer divin où ta flamme tressaille
Dans mon cœur oublieux brûla l'herbe et la paille,
    Au lieu de brûler ton encens!

Et maintenant je viens, comme Marthe et Marie,
Qui portaient à Jésus l'encens de Samarie,
Et trouvèrent ses bras morts et crucifiés,
Acquitter au Seigneur mon denier sur sa tombe,
Et gémir tristement ce cantique, qui tombe
    Comme une larme sur ses piés.

II

A M. DE GENOUDE

SUR SON ORDINATION

II

A M. DE GENOUDE

SUR SON ORDINATION

Monceaux, décembre 1835.

Du sein expirant d'une femme
Qui te montra le ciel du geste de l'adieu,
Une nuit de douleur déracine ton âme,
Et, du lit nuptial, jette ta vie à Dieu.
Comme un vase, où l'enfant distrait se désaltère,
Frappé d'un coup trop fort laisse fuir sa liqueur,
Ton âme laisse fuir les eaux de notre terre,
    Et la mort a fêlé ton cœur!

Tu ne boiras plus de notre onde,
Tu ne tremperas plus tes lèvres ni tes mains
A ces courants troublés où les ruisseaux du monde
Versent tant d'amertume ou d'ivresse aux humains.
L'âme du prêtre en vain à notre air exposée
Est la peau de brebis qu'étendait Gédéon :
On trouvait le matin sèche de la rosée
    La miraculeuse toison !

    Dieu seul remplira ton calice
Des pleurs tombés d'en haut pour laver le péché,
De la sueur de sang, et du fiel du supplice,
Et de l'eau de l'égout par l'éponge séché.
Comme ces purs enfants qu'à l'autel on élève
Laissent tondre leurs fronts jusqu'au dernier cheveu,
Tu couperas du fer les rejets de ta séve,
    Pour jeter ta couronne à Dieu !

    Tu détacheras de nos voies
Tes pieds nus qui suivront leurs sentiers à l'écart ;
De nos courtes douleurs, de nos trompeuses joies,
De notre pain du jour tu laisseras ta part ;
Tu ne combattras plus sous l'aube et sous l'étole ;
C'est la paix du Seigneur que ta main doit tenir ;
Tu n'élèveras plus en glaive de parole
    La voix qui ne doit que bénir !

    Tu chercheras, le long du fleuve,
Les rencontres du Christ ou du Samaritain ;
L'infirme, le lépreux, l'orphelin et la veuve
Viendront sous ton figuier s'asseoir dès le matin ;

Ton cœur vide de soins se remplira des nôtres;
Ton manteau, si j'ai froid, l'hiver sera le mien;
Et, pour prendre et porter tous les fardeaux des autres,
  Ton bras déposera le tien!

  Comme le jardinier mystique
Qui suivait d'Emmaüs, en rêvant, le chemin,
Et, relevant les fleurs au soleil symbolique,
Marchait en émondant les tiges de la main,
Tu prendras dans chaque âme et dans chaque pensée
Ce qui la fane aux bords ou la ronge au milieu,
Ce qui l'incline à terre ou la tient affaissée;
  Et tu lèveras tout à Dieu!

  Cependant trois enfants sans mère
Te suivront du regard et du pied aux autels,
Et se diront entre eux : « Ce saint fut notre père,
Quand il portait son nom d'homme chez les mortels. »
Et les peuples émus penseront en eux-même,
Voyant leurs bras pendus à tes robes de lins,
De l'amour du Seigneur combien il faut qu'on aime,
  Pour laisser ses fils orphelins!

  C'est ainsi que Sion contemple
Le cèdre du Liban, taillé pour le saint lieu,
Qui soutient la charpente et parfume le temple,
Incorruptible appui de la maison de Dieu;
Tandis que les rejets de ses propres racines
Reverdissent aux lieux qu'il ombrageait avant,
Et, se multipliant sur les rudes collines,
  Souffrent le soleil et le vent.

Toi pourtant, qui dans ta poitrine
Oses prendre et porter l'aigle des vieilles lois
Comme Paul à Tarsys prit l'œuf de la doctrine,
Et le portait éclore au soleil d'autrefois;
Ses ailes d'aujourd'hui les as-tu regardées?
Sais-tu si, deux mille ans, l'oiseau n'a pas grandi?
Sais-tu quelle heure il est au cadran des idées?
  Et si l'aurore est le midi?...

  Si l'oiseau retourne à son aire?
Si l'œuf des vérités qu'il ne peut contenir
N'est pas éclos plus loin, et n'a pas changé l'ère
D'où son jour plus parfait datera l'avenir?
Sais-tu quel vol nouveau son œil divin mesure?
De quel nuage il veut s'abattre, et sur quels bords?
Et, jusqu'au soir des temps pour qu'il se transfigure,
  Combien il lui faut de Thabors?...

  Quand le Fils de l'Homme au Calvaire,
Premier témoin de Dieu, sur sa croix expira,
Le rideau ténébreux du sombre sanctuaire
Dans le temple ébranlé du coup se déchira;
Le jour entra tout pur dans l'ombre des symboles,
Les fantômes sacrés d'Oreb et de Sina
Pâlirent aux éclairs des nouvelles paroles,
  Et le passé s'illumina.

  O Christ! n'était-ce pas ton signe?
N'était-ce pas pour dire à l'antique maison
Que de voiler le jour nulle arche n'était digne?
Qu'une aube se levait sans ombre à l'horizon?

Que Dieu ne resterait caché dans nul mystère?
Que tout rideau jaloux se fendrait devant toi?
Que ton Verbe brûlait son voile? et que la terre
　　N'aurait que ton rayon pour foi?

　　Nouveaux fils des saintes demeures,
Dieu parle : regardez le signe de sa main!
Des pas, encor des pas pour avancer ses heures!
Le siècle a fait vers vous la moitié du chemin.
Comprenez le prodige, imitez cet exemple;
Déchirez ces lambeaux des voiles du saint lieu!
Laissez entrer le jour dans cette nuit du temple!
　　Plus il fait clair, mieux on voit Dieu!

　　Voyez se presser à la porte
Cette foule en rumeur d'adorateurs sans voix
Qui court après ses dieux que la raison emporte,
Comme autrefois Laban après ses dieux de bois!
Ne tirez plus les siens de l'arche des symboles;
Mais dites-lui qu'aux sens le temps les a repris,
Que tous ces dieux de chair n'étaient que des idoles;
　　Et d'aller au Dieu des esprits!

　　Hâtez cette heure fortunée
Où tout ce qui languit de la soif d'adorer,
Sous l'arche du Très-Haut, d'astres illuminée,
Pour aimer et bénir viendra se rencontrer!
Que le mystère entier s'éclaire et se consomme!
Le Verbe où s'incarna l'antique vérité
Se transfigure encor : le Verbe s'est fait homme,
　　Le Verbe est fait humanité!

La foi n'a-t-elle point d'aurore?
Avant qu'à l'horizon l'astre des cieux ait lui,
Dans ces foyers des nuits qu'un jour lointain colore
On croit le reconnaître à ces feux teints de lui;
Mais lui-même, noyant les phares de ses plages
Dans des flots de splendeur et de sérénité,
Efface en avançant ses multiples images
    Sous sa rayonnante unité!

III

AUX ENFANTS

DE MADAME LÉONTINE DE GENOUDE

III

AUX ENFANTS

DE MADAME LÉONTINE DE GENOUDE

Pauvres petits enfants, qui demandez sans cesse
A votre père en deuil ce que c'est que la mort,
Et pourquoi vos berceaux s'éveillent sans caresse,
Et quand donc finira le sommeil qu'on y dort;

Taisez-vous, grandissez! Vous n'aurez plus qu'en songe
Ces baisers sur le front, ces doigts dans vos cheveux,
Ce nid sur deux genoux où votre cou se plonge,
Ce cœur contre vos cœurs, et ces yeux dans vos yeux.

L'amour qui vous sevra vous fait la vie amère ;
Votre lait s'est tari, comme à ce pauvre agneau
Qu'un pasteur vigilant sépare de sa mère,
Pour lui faire brouter l'herbe avec le troupeau.

Vous n'aurez qu'une vague et lointaine mémoire
De tout ce qu'au matin la vie a de plus doux,
Et l'amour maternel ne sera qu'une histoire
Qu'un père vous dira, seul et pleurant sur vous !

Quand vous voudrez, enfants, retrouver dans votre âme
Ces souvenirs scellés sous le marbre étouffant,
Ces sons de voix, ces mots, ces sourires de femme,
Où l'âme d'une mère est visible à l'enfant ;

Quand vous voudrez rêver du ciel sur cette terre,
Que de pleurs sans motif vos yeux déborderont ;
Quand vous verrez des fils sur le sein de leur mère,
Qu'un père entre ses mains vous cachera le front,

Venez sur cette tombe, où l'herbe croît si vite,
Vous asseoir à ses pieds pour prier en son nom,
Appeler Léontine, et du ciel qu'elle habite
Implorer son regard, dont Dieu fasse un rayon !

De l'éternel séjour, le regard de son âme
Est un astre toujours sur ses enfants levé.
Ainsi l'aigle est au ciel ; mais son regard de flamme
Veille encor de si haut le nid qu'elle a couvé.

IV

A MADAME ***

QUI FONDAIT UNE SALLE D'ASILE

LV

A MADAME ***

QUI FONDAIT UNE SALLE D'ASILE

---

12 juin 1836.

Les lionceaux ont des asiles,
Les oiseaux du ciel ont des nids :
Les pauvres mères de nos villes
N'ont point de toits pour leurs petits.

Oh ! rouvrez-leur des bras de mère,
Donnez-leur le lait et le pain,
Et gardez de la graine amère
Le van qui leur épand le grain !

Et vous, venez, timide enfance ;
Bénissez Dieu sur leurs genoux :
Jamais sa tendre Providence
Ne sourit sous des traits plus doux.

V

A M. WAP

POÈTE HOLLANDAIS

V

A M. WAP

POÈTE HOLLANDAIS

EN RÉPONSE A UNE ODE ADRESSÉE A L'AUTEUR

SUR LA MORT DE SA FILLE

Que le ciel et mon cœur bénissent ta pensée,
Toi qui pleures de loin ce que la mort m'a pris !
Et que par ta pitié cette larme versée
    Devienne une perle sans prix !
Que l'ange de ton cœur devant Dieu la suspende,
Pour la faire briller de la splendeur des cieux ;
Et qu'en larmes de joie un jour il te les rende
    Ces pleurs, aumône de tes yeux !

Oh! quand j'ai lu ce nom qui remplissait naguère
De joie et de clarté mon oreille et mon cœur,
Ce nom que j'ai scellé sur mes lèvres de père
    Comme un mystère de douleur ;
Quand je l'ai lu gravé sur ta funèbre page,
Un nuage à mes yeux de mon cœur a monté,
Et j'ai dit en moi-même : « Il n'est donc nulle plage
    Où quelque ange ne l'ait porté ? »

Et qu'ai-je fait, dis-moi, pour mériter, ô barde,
Que ton front se couvrît de cendre avec le mien ?
Dieu n'avait pas remis cette enfant sous ta garde,
    Mon bonheur n'était pas le tien !
Nous parlons ici-bas des langues étrangères,
L'onde de mes torrents n'est pas l'eau que tu bois ;
Mais l'âme comprend l'âme, et la pitié rend frères
    Tous ceux dont le cœur est la voix.

Toute voix qui la nomme entre au fond de mon âme ;
Je ne puis sans pâlir en entendre le son,
Et j'adore de l'œil jusqu'aux lettres de flamme
    Qui composaient son divin nom.
Le jour, la nuit, tout haut ma bouche les épelle,
Comme si dans leur sens ces lettres l'enfermaient !
Il semble à mon amour que quelque chose d'elle
    Vit dans ces sons qui la nommaient.

Oh! si comme mon cœur, si tu l'avais connue !
Si, dans le plus divin de tes songes d'amant,
Cette forme angélique une heure était venue
    Luire devant toi seulement ;

Si le rayon vivant de son regard céleste,
Ce rayon dont mon œil douze ans fut réjoui,
Eût plongé dans le tien, comme un éclair qui reste
    A jamais dans l'œil ébloui ;

Si ses cheveux, pareils aux rayons de l'aurore,
Dont sa mère lissait les soyeux écheveaux,
Déployant les reflets du cuivre qui les dore,
    Avaient déroulé leurs anneaux ;
Si tu les avais vus en deux ailes de femme,
Sur sa trace en courant après elle voler,
Et découvrir ce front où les baisers de l'âme
    Allaient d'eux-mêmes se coller ;

Si ton oreille avait entendu l'harmonie
De sa voix, où déjà vibraient à l'unisson
L'innocence et l'amour, le cœur et le génie,
    Modulés dans un même son ;
Si de ce doux écho ton oreille était pleine,
Et si, passant ton doigt sur ton front incertain,
Comme moi tu sentais encor la tiède haleine
    De ses longs baisers du matin :

Comme moi tu n'aurais qu'un seul nom sur la bouche,
Qu'une blessure au cœur, qu'une image dans l'œil,
Qu'une ombre sur tes pas, qu'un rêve dans ta couche,
    Qu'une lampe au fond du cercueil !
Elle, elle, et toujours elle ! elle dans chaque aurore !
Elle dans l'air qui flotte, afin d'y respirer !
Elle dans le passé, pour s'y tourner encore !
    Elle au ciel, pour le désirer !

C'était l'unique fleur de l'Éden de ma vie
Où le parfum du ciel ne se corrompît pas,
Le seul esprit d'en haut que la mort assouvie
    N'eût point éloigné de mes pas !
C'était de mes beaux jours la plus pure pensée,
Que Dieu d'un vœu d'amour me permit d'animer,
Pour que dans ce beau corps mon âme retracée
    Pût se réfléchir et s'aimer !

Je la vois devant moi, la nuit, comme une étoile
Dont la lueur me cherche et vient me caresser ;
Le jour, comme un portrait détaché de la toile,
    Qui s'élance pour m'embrasser !
Je la vois, s'enfuyant dans mon sein qui l'adore,
Faire éclater de là son rire triomphant ;
Ou, du sein de sa mère, à mon baiser sonore
    Apporter ses lèvres d'enfant !

Je la vois, grandissant sous les palmiers d'Asie,
Se mûrir aux rayons de ces soleils nouveaux,
Et, rêveuse déjà, lutter de poésie
    Avec le chant de ses oiseaux !
J'entends à son insu se révéler son âme
Dans ces vagues soupirs d'un cœur qui se pressent,
Préludes enchantés de ces accords de femme,
    Où l'âme va donner l'accent !

Oui, pour revivre encor, je vis dans son image :
Le cœur plein d'un objet ne croit pas à la mort.
Elle est morte pour vous qui cherchez son visage,
Mais pour nous elle est près, elle vit, elle dort ;

Je l'entends, je l'appelle, et je sais que chaque heure
Avance l'heure fixe où je vais la revoir ;
Et je dis chaque jour, au penser qui la pleure :
    « A demain ! peut-être à ce soir ! »

Oh ! si de notre amour l'espoir était le rêve !
Si nous ne devions pas retrouver dans les cieux
Ces êtres adorés qu'un ciel jaloux enlève,
Que nous suivons du cœur, que nous cherchons des yeux ;
Si je ne devais plus revoir, toucher, entendre
Elle ! elle qu'en esprit je sens, j'entends, je vois,
A son regard d'amour encore me suspendre,
    Frissonner encore à sa voix ;

Si les hommes, si Dieu me le disait lui-même ;
Lui, le maître, le Dieu, je ne le croirais pas ;
Ou je lui répondrais par l'éternel blasphème,
    Seule réponse du trépas !
Oui, périsse et moi-même et tout ce qui respire,
Et ses mondes et Lui, Lui dans son ciel moqueur,
Plutôt que ce regard, plutôt que ce sourire,
    Que cette image dans mon cœur !

Mais toi qui m'as compris, toi dont la voix mortelle
Rend la voix dans mon sein à des échos si chers ;
Toi qui me dis son nom, toi qui fais parler d'elle
    La langue immortelle des vers ;
Que les anges du ciel recueillent ta parole,
Cette parole aida mes larmes à sortir !
Et que le chant du ciel, dont ta voix me console,
    Dans ta vie aille retentir !

Pour ce tribut pieux, de ta paupière humide
Puisses-tu, jusqu'au soir de tes jours de bonheur,
Ne voir à ton foyer jamais de place vide,
    D'abîme creusé dans ton cœur !
Et puisse à ton chevet, veillant ton agonie,
Une enfant dans son sein recevoir ton adieu,
Essuyer ta sueur, et, comme un doux génie,
    Cacher la mort, et montrer Dieu !

VI

A MADAME LA DUCHESSE DE R***

SUR SON ALBUM

VI

A MADAME LA DUCHESSE DE R***

SUR SON ALBUM

Il est une langue secrète,
Dialecte silencieux
Que sait l'amant ou le poëte,
Et que les yeux parlent aux yeux.

Qu'importe la langue parlée?
Le langage humain n'est qu'un art ;
Mais cette langue révélée,
Dieu la fit avec le regard !

Une femme aux cheveux de soie
Qu'on voit marcher sur son chemin,
Et dont le bras nu vous coudoie,
Oh! n'est-ce pas un mot divin?

Il dit Ivresse, il dit Génie,
Grâce, amour, candeur, pureté :
Les yeux en boivent l'harmonie,
Et le sens en est Volupté.

Il retentit longtemps dans l'âme,
Comme dans l'oreille une voix ;
Et la belle image de femme
Est comme un air redit cent fois.

O noble et suave figure,
Où rayonne ivresse et langueur,
Mot caressant de la nature,
Que ne dis-tu pas dans le cœur?

VII

A UNE JEUNE MOLDAVE

VII

A UNE JEUNE MOLDAVE

Paris, 24 janvier 1837.

Souvent en respirant ces nocturnes haleines,
Qui des monts éloignés descendent sur les plaines
Ou des bords disparus sur les vagues des mers,
On croit dans ces odeurs, que l'esprit décompose,
Respirer le parfum des lis ou de la rose
  Apporté de loin par les airs.

L'imagination, cet œil de la pensée,
Se figure la tige aux rochers balancée,

Exhalant pour vous seul son souffle du matin.
« Je t'aime, lui dit-on, violette ou pervenche,
» O sympathique fleur, dont l'urne qui se penche
» M'adresse ce parfum lointain !

» Comme un amant distingue entre de jeunes têtes,
» Parmi ces fronts charmants qui décorent nos fêtes,
» L'odeur des blonds cheveux dont se souvient son cœur,
» A travers ces parfums mystérieux et vagues
» Que la brise des nuits fait flotter sur les vagues,
» Je démêle et bois ton odeur ! »

Ainsi, fleur du Danube attachée à sa rive,
A travers tes forêts ton doux encens m'arrive,
Et mon cœur enivré se demande : « Pourquoi,
Pourquoi la vierge assise au pied du sycomore,
En murmurant les vers d'un pays qu'elle ignore,
Rougit-elle en pensant à moi ? »

C'est que la poésie est l'haleine de l'âme,
Que le vent porte loin aux oreilles de femme,
Et qui leur parle bas comme une voix d'amant ;
Que la vierge attentive à la strophe touchante
Croit, entre sa pensée et le livre qui chante,
Sentir un invisible aimant.

Oh ! combien de baisers d'une bouche secrète
Sur la page sacrée a reçus le poëte,
Sans en avoir senti le délirant frisson !
Oh ! qu'il voudrait, semblable aux notes de sa lyre,
Attirer un regard des yeux qui vont le lire,
Envieux d'un rêve et d'un son !...

VIII

AMITIÉ DE FEMME

VIII

AMITIÉ DE FEMME

A MADAME L***, SUR SON ALBUM

Amitié, doux repos de l'âme,
Crépuscule charmant des cœurs,
Pourquoi dans les yeux d'une femme
As-tu de plus tendres langueurs?

Ta nature est pourtant la même!
Dans le cœur dont elle a fait don
Ce n'est plus la femme qu'on aime,
Et l'amour a perdu son nom.

Mais comme en une pure glace
Le crayon se colore mieux,
Le sentiment qui le remplace
Est plus visible en deux beaux yeux.

Dans un timbre argentin de femme
Il a de plus tendres accents :
La chaste volupté de l'âme
Devient presque un plaisir des sens.

De l'homme la mâle tendresse
Est le soutien d'un bras nerveux,
Mais la vôtre est une caresse
Qui frissonne dans les cheveux.

Oh! laissez-moi, vous que j'adore
Des noms les plus doux tour à tour,
O femmes, me tromper encore
Aux ressemblances de l'amour!

Douce ou grave, tendre ou sévère,
L'amitié fut mon premier bien :
Quelque soit la main qui me serre,
C'est un cœur qui répond au mien.

Non, jamais ma main ne repousse
Ce symbole d'un sentiment;
Mais lorsque la main est plus douce,
Je la serre plus tendrement.

IX

ÉPITAPHE

DES PRISONNIERS FRANÇAIS

MORTS PENDANT LEUR CAPTIVITÉ EN ANGLETERRE

IX

ÉPITAPHE DES PRISONNIERS FRANÇAIS

MORTS PENDANT LEUR CAPTIVITÉ EN ANGLETERRE

ET A QUI DES OFFICIERS ANGLAIS ONT ÉLEVÉ UN MONUMENT
PAR SOUSCRIPTION

Ici dorment, jetés par le flot de la guerre,
D'intrépides soldats, nés sous un ciel plus beau ;
Vivants, ils ont porté les fers de l'Angleterre ;
Morts, ce noble pays leur offrit dans sa terre
      L'hospitalité du tombeau.

Là, toute inimitié s'efface sous la pierre ;
Lè dernier souffle éteint la haine dans les cœurs ;
Tout rentre dans la paix de la maison dernière,
Et le vent, des vaincus y mêle la poussière
  A la poussière des vainqueurs.

Écoutez! de la terre une voix qui s'élève
Nous dit : « Pourquoi combattre et pourquoi conquérir?
La terre est un sépulcre, et la gloire est un rêve.
Patience, ô mortels! et remettez le glaive.
  Un jour encor! tout va mourir! »

X

UN NOM

X

UN NOM

Florence, 1818.

Il est un nom caché dans l'ombre de mon âme,
Que j'y lis nuit et jour et qu'aucun œil n'y voit,
Comme un anneau perdu que la main d'une femme
Dans l'abîme des mers laissa glisser du doigt.

Dans l'arche de mon cœur, qui pour lui seul s'entr'ouvre,
Il dort enseveli sous une clef d'airain ;
De mystère et de peur mon amour le recouvre,
Comme après une fête on referme un écrin.

Si vous le demandez, ma lèvre est sans réponse.
Mais, tel qu'un talisman formé d'un mot secret,
Quand seul avec l'écho ma bouche le prononce,
Ma nuit s'ouvre, et dans l'âme un être m'apparaît.

En jour éblouissant l'ombre se transfigure;
Des rayons, échappés par les fentes des cieux,
Colorent de pudeur une blanche figure
Sur qui l'ange ébloui n'ose lever les yeux.

C'est une vierge enfant, et qui grandit encore;
Il pleut sur ce matin des beautés et des jours;
De pensée en pensée on voit son âme éclore,
Comme son corps charmant de contours en contours.

Un éblouissement de jeunesse et de grâce
Fascine le regard où son charme est resté.
Quand elle fait un pas, on dirait que l'espace
S'éclaire et s'agrandit pour tant de majesté.

Dans ses cheveux bronzés jamais le vent ne joue.
Dérobant un regard qu'une boucle interrompt,
Ils serpentent collés au marbre de sa joue,
Jetant l'ombre pensive aux secrets de son front.

Son teint calme, et veiné des taches de l'opale,
Comme s'il frissonnait avant la passion,
Nuance sa fraîcheur des moires d'un lis pâle,
Où la bouche a laissé sa moite impression.

Sérieuse en naissant jusque dans son sourire,
Elle aborde la vie avec recueillement;
Son cœur, profond et lourd chaque fois qu'il respire
Soulève avec son sein un poids de sentiment.

Soutenant sur sa main sa tête renversée,
Et fronçant les sourcils qui couvrent son œil noir,
Elle semble lancer l'éclair de sa pensée
Jusqu'à des horizons qu'aucun œil ne peut voir.

Comme au sein de ces nuits sans brumes et sans voiles
Où dans leur profondeur l'œil surprend les cieux nus,
Dans ses beaux yeux d'enfant, firmament plein d'étoiles,
Je vois poindre et nager des astres inconnus.

Des splendeurs de cette âme un reflet me traverse;
Il transforme en Éden ce morne et froid séjour.
Le flot mort de mon sang s'accélère, et je berce
Des mondes de bonheur sur ces vagues d'amour.

— Oh! dites-nous ce nom, ce nom qui fait qu'on aime;
Qui laisse sur la lèvre une saveur de miel!
— Non, je ne le dis pas sur la terre à moi-même;
Je l'emporte au tombeau, pour m'embellir le ciel.

XI

A M. FÉLIX GUILLEMARDET

SUR SA MALADIE

XI

A M. FÉLIX GUILLEMARDET

SUR SA MALADIE

Saint-Point, 15 septembre 1837.

Frère, le temps n'est plus où j'écoutais mon âme
Se plaindre et soupirer comme une faible femme
Qui de sa propre voix soi-même s'attendrit,
Où par des chants de deuil ma lyre intérieure
Allait multipliant comme un écho qui pleure
    Les angoisses d'un seul esprit!

Dans l'être universel au lieu de me répandre
Pour tout sentir en lui, tout souffrir, tout comprendr ,
Je resserrais en moi l'univers amoindri ;
Dans l'égoïsme étroit d'une fausse pensée
La douleur en moi seul, par l'orgueil condensée,
  Ne jetait à Dieu que mon cri !

Ma personnalité remplissait la nature :
On eût dit qu'avant elle aucune créature
N'avait vécu, souffert, aimé, perdu, gémi ;
Que j'étais à moi seul le mot du grand mystère,
Et que toute pitié du ciel et de la terre
  Dût rayonner sur ma fourmi !

Pardonnez-nous, mon Dieu ! tout homme ainsi commence.
Le retentissement universel, immense,
Ne fait vibrer d'abord que ce qui sent en lui ;
De son être souffrant l'impression profonde,
Dans sa neuve énergie, absorbe en lui le monde,
  Et lui cache les maux d'autrui.

Comme Pygmalion contemplant sa statue,
Et promenant sa main sous sa mamelle nue,
Pour savoir si ce marbre enferme un cœur humain ;
L'humanité pour lui n'est qu'un bloc sympathique
Qui, comme la Vénus du statuaire antique,
  Ne palpite que sous sa main.

O honte ! ô repentir ! quoi ! cet être éphémère
Qui gémit en sortant du ventre de sa mère,
Croirait tout étouffer sous le bruit d'un seul cœur ?
Hâtons-nous d'expier cette erreur d'un insecte ;
Et, pour que Dieu l'écoute et l'ange le respecte,
  Perdons nos voix dans le grand chœur !

Jeune, j'ai partagé le délire et la faute ;
J'ai crié ma misère, hélas ! à voix trop haute :
Mon âme s'est brisée avec son propre cri !
De l'univers sensible atome insaisissable,
Devant le grand soleil j'ai mis mon grain de sable,
    Croyant mettre un monde à l'abri.

Mais mon cœur, moins sensible à ses propres misères,
S'est élargi plus tard aux douleurs de mes frères ;
Tous leurs maux ont coulé dans le lac de mes pleurs ;
Et, comme un grand linceul que la pitié déroule,
L'âme d'un seul, ouverte aux plaintes de la foule,
    A gémi toutes les douleurs.

Alors dans le grand tout mon âme répandue
A fondu, faible goutte au sein des mers perdue
Que roule l'Océan, insensible fardeau,
Mais où l'impulsion sereine ou convulsive,
Qui de l'abîme entier de vague en vague arrive,
    Palpite dans la goutte d'eau.

Alors, par la vertu, la pitié m'a fait homme ;
J'ai conçu la douleur du nom dont on le nomme,
J'ai sué sa sueur et j'ai saigné son sang ;
Passé, présent, futur, ont frémi sur ma fibre
Comme vient retentir le moindre son qui vibre
    Sur un métal retentissant.

Alors j'ai bien compris par quel divin mystère
Un seul cœur incarnait tous les maux de la terre,
Et comment, d'une croix jusqu'à l'éternité,
Du cri du Golgotha la tristesse infinie
Avait pu contenir seule assez d'agonie
    Pour exprimer l'humanité !...

Alors j'ai partagé, bien avant ma naissance,
Ce pénible travail de sa lente croissance
Par qui sous le soleil grandit l'esprit humain,
Semblable au rude effort du sculpteur sur la pierre,
Qui mutile cent fois le bloc dans la carrière,
    Avant qu'il vive sous sa main.

Les germinations sourdes de ces idées,
Pareilles à ces fleurs des saisons retardées
Que le pied du faucheur écrase avant leur fruit;
Cet éternel assaut des vagues convulsives
N'arrachant qu'un rocher par siècles à leurs rives;
    Ce temps qui ne fait que du bruit!

Cet orageux effort des partis politiques
Pour rasseoir le saint droit sur les bases antiques,
Pyramide impuissante à se tenir debout;
La liberté que l'homme immole ou prostitue,
Du peuple qui la souille au tyran qui la tue,
    Passant des cachots à l'égout!

Dieu comme le soleil attirant les nuages;
Le vulgaire incarnant les purs dogmes des sages;
L'erreur mettant sa main entre l'œil et le feu;
Et le sage du ciel, parlant en paraboles,
Obligé d'écarter en tremblant ces symboles,
    De peur de mutiler le Dieu!

Pas un dogme immuable où le doute ne pose,
Le mensonge ou le vide au bout de toute chose,
Et le plus beau destin en trois pas traversé;
La mort, coursier trompeur à qui l'espoir se fie,
S'abattant au milieu de la plus belle vie
    Sur le cavalier renversé!

Ces amours enlacés par mille sympathies
Arrachés du sol tendre ainsi que des orties
A l'heure où de leurs fleurs notre âme embaumerait,
Et le sort choisissant pour but un coup suprême
La minute où le sein bat sous un sein qui l'aime,
   Pour percer deux cœurs d'un seul trait !

Ces mères expirant de faim le long des routes,
De leur mamelle à sec pressant en vain les gouttes
Aux lèvres de leur fils sur leurs genoux gisant ;
Le travail arrosant de sa sueur stérile
Du sol ingrat et dur l'insatiable argile
   Qui boit la rosée et le sang !

Et les vents de la mort, dont les fortes haleines
Vident dans le tombeau de grandes villes pleines,
Et sèchent en trois jours trois générations,
Et ces grands secoûments de choses et d'idées,
Qui font monter si haut en vagues débordées
   Les écumes des nations !

Et ces exils qui font à tant d'enfants sans mères
Des fleuves étrangers boire les eaux amères ;
Et ces dégoûts d'esprit et ces langueurs du corps ;
Et devant ce tombeau que leur misère envie,
Ces infirmes traînant sur les bords de la vie
   Le linceul de leurs longues morts !

Oui, j'ai trempé ma lèvre, homme, à toutes ces peines ; »
Les gouttes de ton sang ont coulé de mes veines ;
Mes mains ont essuyé sur mon front tous ces maux ;
La douleur s'est faite homme en moi pour cette foule,
Et, comme un océan où toute larme coule,
   Mon âme a bu toutes ces eaux !

Les tiens surtout, ami! jeune ami dont la lèvre,
Que le fiel a touché, de sourire se sèvre!
Qui sous la main de Dieu penches ton front pâli,
Ton front que tes deux mains, supportant comme une urne,
Soutiennent tout pesant de sa fièvre nocturne,
    Où la veille a laissé son pli!

Oh! les tiennes surtout, âme que Dieu condamne
A penser sans parler, à sentir sans organe,
A subir des vivants les mille impressions
Sans pouvoir t'y mêler du regard ou du geste,
Comme cette ombre assise au banquet, et qui reste
    Sans voix, mais non sans passions!

Au milieu des vivants dont la part t'est ravie,
Tu t'assois seul devant les flots morts de ta vie,
Sans pouvoir en prendre un dans le creux de ta main
Pour tromper en courant ta soif à ces délices,
Et savoir seulement sur le bord des calices
    Quel goût a le breuvage humain.

O fils de la douleur, frère en mélancolie,
Oh! quand je pense à toi, moi-même je m'oublie;
L'angoisse de tes nuits glace mes membres morts,
Je déchire des mains mes blessures pansées,
Et je sens dans mon front l'assaut de tes pensées
    Battre l'oreiller que je mords.

Et j'élève au Seigneur mes deux mains vers la voûte,
En lui criant tout haut ton nom pour qu'il l'écoute;
J'entoure ton chevet et j'y veille du cœur,
Et je compte les coups de ta lente insomnie,
Et je lave des yeux, après ton agonie,
    Le sourire de ta langueur!

Et, prenant tes deux pieds froids contre ma poitrine,
Je les chauffe en mon sein sous mon front qui s'incline,
Et le barde se change en femme de douleurs,
Et ma lyre devient l'urne de Madeleine
Alors qu'elle embaumait le corps sous son haleine,
  Dans l'aromate de ses pleurs.

XII

LE LISERON

XII

LE LISERON

Dans les blés mûrs, un soir de fête,
La jeune fille me cueillit ;
Dans ses cheveux noirs, sur sa tête,
Ma blanche étoile rejaillit.
Fleur domestique et familière,
Je m'y collais comme le lierre
Se colle au front du dahlia ;
Sa joue en fut tout embellie ;
Puis j'en tombai froide et pâlie :
Son pied distrait me balaya.

Mais le matin, sous sa fenêtre,
Un passant me vit par hasard,
Se pencha pour me reconnaître,
Et me couva d'un long regard.
« Viens, dit-il, pauvre fleur sauvage,
Viens, mon amour et mon image,
Objet d'envie et de dédain,
Viens sécher sur mon cœur posée :
Mes larmes seront ta rosée,
Mon âme sera ton jardin ! »

Depuis ce jour, rampant dans l'herbe,
Je m'enlace autour d'autres fleurs ;
J'abrite leur tige superbe,
Et je relève leurs couleurs ;
Et quelquefois les jeunes filles
Me fauchent avec leurs faucilles,
Pour faire un nuage à leurs fronts :
Je nais pâle et toute fanée,
Je suis le lierre d'une année.
— Foulez les pauvres liserons !

Novembre 1848.

XIII⁰

TOAST

PORTÉ DANS UN BANQUET NATIONAL

DES GALLOIS ET DES BRETONS, A ABERGAVENNY

DANS LE PAYS DE GALLES

XIII

TOAST

PORTÉ DANS UN BANQUET NATIONAL

DES GALLOIS ET DES BRETONS, A ABERGAVENNY

DANS LE PAYS DE GALLES [1]

Saint-Point, 25 septembre 1838.

Quand ils se rencontraient sur la vague ou la grève
En souvenir vivant d'un antique départ,
Nos pères se montraient les deux moitiés d'un glaive
Dont chacun d'eux gardait la symbolique part :

---

[1] On sait que les Gallois et les Bretons, d'origine celtique, se reconnaissent comme une seule famille, et célèbrent de temps en temps la commémoration de cette communauté de race.

« Frère, se disaient-ils, reconnais-tu la lame?
Est-ce bien là l'éclair, l'eau, la trempe et le fil?
Et l'acier qu'a fondu le même jet de flamme
  Fibre à fibre se rejoint-il? »

Et nous, nous vous disons : « O fils des mêmes plages,
Nous sommes un tronçon de ce glaive vainqueur!
Regardez-nous aux yeux, aux cheveux, aux visages :
Nous reconnaissez-vous à la trempe du cœur?...
N'est-ce pas cet œil bleu comme la mer profonde
Qui brise entre nos caps sur des écueils pareils,
Où notre ciel brumeux réfléchit dans son onde
  Plus de foudres que de soleils?

» Le vent ne fait-il pas battre sur vos épaules,
Au branle de vos pas, ces forêts de cheveux,
Crinière aux nœuds dorés du vieux lion des Gaules,
Où le soleil sanglant fait ondoyer ses feux?
Ne résonnent-ils pas au souffle des tempêtes
Comme ce crin épars par les lances porté,
Étendards naturels que font flotter nos têtes
  Sur les clans de la liberté?

» De nos robustes mains quand la paume vous serre,
Ce langage muet n'est-il pas un serment
Qui jure l'amitié, l'alliance ou la guerre,
Que nul revers ne lasse et nul jour ne dément?
Nos langues, où le bruit de nos grèves domine,
Ne vibrent-elles pas d'un rude et même son,
Ainsi que deux métaux nés dans la même mine
  Rendent l'accord à l'unisson?

» Ne nous jouons-nous pas où le dauphin se joue,
N'entrelaçons-nous pas, comme d'humbles roseaux,
Le pin durci du pôle au chêne qui le noue,
Pour nous bercer aux vents dans les vallons des eaux?
N'emprisonnons-nous pas dans la toile sonore
L'aile de la tempête? et, sur les flots amers,
N'aimons-nous pas à voir le jour nomade éclore
  De toutes les vagues des mers?

» Le coursier aux crins noirs, trône vivant des braves,
Ne nous nomme-t-il pas dans ses hennissements?
Nos bardes n'ont-ils pas des chants tristes et graves,
Des harpes de Morven vieux retentissements?
N'en composent-ils pas les cordes les plus douces
Avec les pleurs de l'homme et le sang des héros,
Le vent plaintif du nord qui siffle sur les mousses,
  Le chien qui hurle aux bords des flots?

» Le poli de l'acier, l'éclair de l'arme nue,
Ne caressent-ils pas nos mains et nos regards?
Est-il un horizon plus doux à notre vue
Qu'un soleil de combats sur des épis de dards?
Le passé dans nos cœurs n'a-t-il pas des racines
Qu'on ne peut extirper ni secouer du sol?
Et ne restons-nous pas rochers sous les ruines,
  Quand la poussière a pris son vol?...

» Reconnaissons-nous donc, ô fils des mêmes pères!
Le sang de nos aïeux là-haut nous avoûra.
Que l'hydromel natal écume dans nos verres,
Et poussons dans le ciel trois sublimes *hourra!*

Hourra pour l'Angleterre et ses falaises blanches!
Hourra pour la Bretagne aux côtes de granit!
Hourra pour le Seigneur, qui rassemble les branches
    Au tronc d'où tomba le vieux nid!

» Que ce cri fraternel gronde sur nos montagnes
Comme l'écho joyeux d'un tonnerre de paix!
Que l'Océan le roule entre les deux Bretagnes!
Que le vaisseau l'entende entre ses flancs épais!
Et qu'il fasse tomber dans la mer qui nous baigne,
Avec l'orgueil jaloux de nos deux pavillons,
L'aigle engraissé de mort, dont le bec encor saigne
    De la chair de nos bataillons [1]!

» L'esprit d'amour rejoint ce que la mer sépare :
Le titre de famille est écrit en tout lieu.
L'homme n'est plus Français, Anglais, Romain, Barbare:
Il est concitoyen de l'empire de Dieu!
Les murs des nations s'écroulent en poussières;
Les langues de Babel retrouvent l'unité;
L'Évangile refait avec toutes ses pierres
    Le temple de l'humanité!

» Réjouissons-nous donc du jour que Dieu nous prête!
L'aube des jours nouveaux fait poindre ses rayons :
Vous serez dans les temps, monts à la verte crête,
Un Sinaï de paix entre les nations!
Sous nos pas cadencés faisons sonner la terre,
Jetons nos gants de fer, et donnons-nous la main :

---

[1] A Waterloo.

C'est nous qui conduisons aux conquêtes du Père
 Les colonnes du genre humain!

» Dans le drame des temps nous avons deux grands rôles.
A nous les champs d'argile, à vous les champs amers!
Pour répandre de Dieu la semence aux deux pôles,
Creusons-nous deux sillons sur la terre et les mers!
Dans toute glèbe humaine où sa race fourmille,
Premiers-nés d'Occident, à la neuve clarté
Marchons, distribuant à l'immense famille
 Dieu, la paix et la liberté!

» Dans notre coupe pleine où l'eau du ciel déborde,
Désaltérés déjà, buvons aux nations!
Iles ou continents, que l'onde entoure ou borde,
Ayez part sous le ciel à nos libations!
Oui, buvons; et, passant notre coupe à la ronde
Aux convives nouveaux du festin éternel,
Faisons boire après nous tous les peuples du monde
 Dans le calice fraternel! »

XI

A UNE JEUNE FILLE POËTE

XIV

A UNE JEUNE FILLE POËTE[1]

Saint-Point, 24 août 1838.

Quand, assise le soir au bord de ta fenêtre
Devant un coin du ciel qui brille entre les toits,
L'aiguille matinale a fatigué tes doigts,
Et que ton front comprime une âme qui veut naître;

[1] Ces vers furent adressés à mademoiselle Antoinette Quarré, jeune ouvrière de Dijon, qui avait envoyé à l'auteur plusieurs pièces de vers, imprimées depuis, qui ont vivement excité l'étonnement et l'admiration du public.

Ta main laisse échapper le lin brodé de fleurs
Qui doit parer le front d'heureuses fiancées,
Et, de peur d'en tacher les teintes nuancées,
   Tes beaux yeux retiennent leurs pleurs.

Sur les murs blancs et nus de ton modeste asile,
Pauvre enfant, d'un coup d'œil tout ton destin se lit :
Un crucifix de bois au-dessus de ton lit,
Un réséda jauni dans un vase d'argile,
Sous tes pieds délicats la terre en froids carreaux,
Et, près du pain du jour que la balance pèse,
Pour ton festin du soir le raisin ou la fraise,
   Que partagent tes passereaux.

Tes mains sur tes genoux un moment se délassent ;
Puis tu vas t'accouder sur le fer du balcon,
Où le pampre grimpant, le lierre au noir flocon,
A tes cheveux épars, amoureux, s'entrelacent.
Tu verses l'eau de source à ton pâle rosier ;
Tu gazouilles son air à ton oiseau fidèle,
Qui becquète ta lèvre en palpitant de l'aile
   A travers les barreaux d'osier.

Tu contemples le ciel que le soir décolore,
Quelque dôme lointain de lumière écumant ;
Ou plus haut, seule au fond du vide firmament,
L'étoile que Dieu seul, comme toi, voit éclore.
L'odeur des champs en fleurs monte à ton haut séjour ;
Le vent fait ondoyer tes boucles sur ta tempe ;
La nuit ferme le ciel, tu rallumes ta lampe ;
   Et le passé t'efface un jour !...

Cependant le bruit monte et la ville respire :
L'heure sonne, appelant tout un monde au plaisir ;
Dans chaque son confus que ton cœur croit saisir,
C'est le bonheur qui vibre ou l'amour qui soupire.
Les chars grondent en bas, et font frissonner l'air :
Comme des flots pressés dans le lit des tempêtes,
Ils passent emportant les heureux à leurs fêtes,
    Laissant sous la roue un éclair.

Ceux-là versent au seuil de la scène ravie
Cette foule attirée au vent des passions,
Et qui veut aspirer d'autres sensations,
Pour oublier le jour et pour doubler la vie ;
Ceux-là rentrent des champs, sur de pliants aciers
Berçant les maîtres las d'ombrage et de murmure,
Des fleurs sur les coussins, des festons de verdure
    Enlacés aux crins des coursiers.

La musique du bal sort des salles sonores ;
Sous les pas des danseurs l'air ébranlé frémit ;
Dans des milliers de voix le chœur chante ou gémit ;
La ville aspire et rend le bruit par tous les pores.
Le long des murs, dans l'ombre on entend retentir
Des pas aussi nombreux que des gouttes de pluie,
Pas indécis d'amant, où l'amante s'appuie
    Et pèse pour le ralentir.

Le front dans tes deux mains, pensive tu te penches :
L'imagination te peint de verts coteaux
Tout résonnants du bruit des forêts et des eaux,
Où s'éteint un beau soir sur des chaumières blanches ;

Des sources aux flots bleus voilés de liserons ;
Des prés où, quand le pied dans la grande herbe nage,
Chaque pas aux genoux fait monter un nuage
    D'étamine et de moucherons ;

Des vents sur les guérets, ces immenses coups d'ailes
Qui donnent aux épis leurs sonores frissons ;
L'aubépine neigeant sur les nids des buissons ;
Les verts étangs rasés du vol des hirondelles ;
Les vergers allongeant leur grande ombre du soir ;
Les foyers des hameaux ravivant leurs lumières ;
Les arbres morts couchés près du seuil des chaumières,
    Où les couples viennent s'asseoir ;

Ces conversations à voix que l'amour brise,
Où le mot commencé s'arrête et se repent,
Où l'avide bonheur que le doute suspend
S'envole après l'aveu que lui ravit la brise ;
Ces danses où l'amant prenant l'amante au vol,
Dans le ciel qui s'entr'ouvre elle croit fuir en rêve,
Entre le bond léger qui du gazon l'enlève,
    Et son pied qui retombe au sol !

Sous la tente de soie, ou dans ton nid de feuille,
Tu vois rentrer le soir, altéré de tes yeux,
Un jeune homme au front mâle, au regard studieux.
Votre bonheur tardif dans l'ombre se recueille :
Ton épaule s'appuie à celle de l'époux :
Sous son front déridé ton front nu se renverse ;
Son œil luit dans ton œil, pendant que ton pied berce
    Un enfant blond sur tes genoux !

De tes yeux dessillés quand ce voile retombe,
Tu sens ta joue humide et tes mains pleines d'eau;
Les murs de ce réduit où flottait ce tableau
Semblent se rapprocher pour voûter une tombe;
Ta lampe jette à peine un reste de clarté;
Sous tes beaux pieds d'enfant tes parures s'écoulent,
Et tes cheveux épars et les ombres déroulent
    Leurs ténèbres sur ta beauté.

Cependant le temps fuit, la jeunesse s'écoule;
Tes beaux yeux sont cernés d'un rayon de pâleur;
Des roses sans soleil ton teint prend la couleur;
Sur ton cœur amaigri ton visage se moule;
Ta lèvre a replié le sourire; ta voix
A perdu cette note où le bonheur tressaille;
Des airs lents et plaintifs mesurent maille à maille
    Le lin qui grandit sous tes doigts.

Hé quoi! ces jours passés dans un labeur vulgaire
A gagner miette à miette un pain trempé de fiel,
Cet espace sans air, cet horizon sans ciel,
Ces amours s'envolant au son d'un vil salaire,
Ces désirs refoulés dans un sein étouffant,
Ces baisers, de ton front chassés comme une mouche
Qui bourdonne l'été sur les coins de ta bouche,
    C'est donc là vivre, ô belle enfant!

Nul ne verra briller cette étoile nocturne?
Nul n'entendra chanter ce muet rossignol?
Nul ne respirera ces haleines du sol
Que la fleur du désert laisse mourir dans l'urne?

Non, Dieu ne brise pas sous ses fruits immortels
L'arbre dont le génie a fait courber la tige;
Ce qu'oublia le temps, ce que l'homme néglige,
    Il le réserve à ses autels!

Ce qui meurt dans les airs, c'est le ciel qui l'aspire :
Les anges amoureux recueillent flots à flots
Cette vie écoulée en stériles sanglots;
Leur aile emporte ailleurs ce que ta voix soupire.
De ces langueurs de l'âme où gémit ton destin,
De tes pleurs sur ta joue, hélas! jamais cueillies,
De ces espoirs trompés, et ces mélancolies
    Qui pâlissent ton pur matin,

Ils composent tes chants, mélodieux murmure
Qui s'échappe du cœur par le cœur répondu,
Comme l'arbre d'encens que le fer a fendu
Verse en baume odorant le sang de sa blessure.
Aux accords du génie, à ces divins concerts,
Ils mêlent étonnés ces pleurs de jeune fille
Qui tombent de ses yeux et baignent son aiguille,
    Et tous les soupirs sont des vers!

Savent-ils seulement si le monde l'écoute?
Si l'indigence énerve un génie inconnu?
Si le céleste encens au foyer contenu
Avec l'eau de ses yeux dans l'argile s'égoutte?
Qu'importe aux voix du ciel l'humble écho d'ici-bas?
Les plus divins accords qui montent de la terre
Sont les élans muets de l'âme solitaire,
    Que le vent même n'entend pas.

Non, je n'ai jamais vu la pâle giroflée,
Fleurissant au sommet de quelque vieille tour
Que bat le vent du nord ou l'aile du vautour,
Incliner sur le mur sa tige échevelée ;
Non, je n'ai jamais vu la stérile beauté,
Pâlissant sous ses pleurs sa fleur décolorée,
S'exhaler sans amour et mourir ignorée,
  Sans croire à l'immortalité !

Passe donc tes doigts blancs sur tes yeux, jeune fille,
Et laisse évaporer ta vie avec tes chants !
Le souffle du Très-Haut sur chaque herbe des champs
Cueille la perle d'or, où l'aurore scintille ;
Toute vie est un flot de la mer de douleurs ;
Leur amertume un jour sera ton ambroisie,
Car l'urne de la gloire et de la poésie
  Ne se remplit que de nos pleurs !

XV

CANTIQUE

SUR UN RAYON DE SOLEIL

XV

CANTIQUE

SUR UN RAYON DE SOLEIL

Je suis seul dans la prairie,
Assis au bord du ruisseau ;
Déjà la feuille flétrie,
Qu'un flot paresseux charrie,
Jaunit l'écume de l'eau.

La respiration douce
Des bois au milieu du jour
Donne une lente secousse
A la vague, au brin de mousse,
Au feuillage d'alentour.

Seul, et la cime bercée,
Un jeune et haut peuplier
Dresse sa flèche élancée,
Comme une haute pensée
Qui s'isole pour prier.

Par instants le vent, qui semble
Couler à flots modulés,
Donne à la feuille qui tremble
Un doux frisson, qui ressemble
A des mots articulés.

L'azur où sa cime nage
A balayé son miroir,
Sans que l'ombre d'un nuage
Jette au ciel une autre image
Que l'infini qu'il fait voir.

Ruisselant de feuille en feuille,
Un rayon répercuté,
Parmi les lis que j'effeuille,
Filtre, glisse, et se recueille
Dans une île de clarté.

Le rayon de feu scintille
Sous cette arche de jasmin,
Comme une lampe qui brille
Aux doigts d'une jeune fille,
Et qui tremble dans sa main.

Il éclaire cette voûte,
Rejaillit sur chaque fleur ;
La branche sur l'eau l'égoutte ;
L'aile d'insecte et la goutte
En font flotter la lueur.

A ce rayon d'or qui perce
Le vert grillage du bord,
La lumière se disperse
En étincelle, et traverse
Le cristal du flot qui dort.

Sous la nuit qui les ombrage,
On voit, en brillants réseaux,
Jouer un flottant nuage
De mouches au bleu corsage
Qui patinent sur les eaux.

Sur le bord qui se découpe,
De rossignols frais éclos
Un nid tapissé d'étoupe
Se penche comme une coupe
Qui voudrait puiser ses flots.

La mère habile entre-croise
Au fil qui les réunit
Les ronces et la framboise,
Et tend, comme un toit d'ardoise,
Ses deux ailes sur son nid.

Au bruit que fait mon haleine,
L'onde ou le rameau pliant,
Je vois son œil qui promène
Sa noire prunelle, pleine
De son amour suppliant.

Puis refermant, calme et douce,
Ses yeux sous mes yeux amis,
On voit à chaque secousse
De ses petits sur leur mousse
Battre les cœurs endormis.

Ce coin de soleil condense
L'infini de volupté.
O charmante providence !
Quelle douce confidence
D'amour, de paix, de beauté !

Dans un moment de tendresse,
Seigneur, on dirait qu'on sent
Ta main douce qui caresse
Ce vert gazon, qui redresse
Son poil souple et frémissant !

Tout sur terre fait silence
Quand tu viens la visiter ;
L'ombre ne fuit ni n'avance :
Mon cœur même qui s'élance
Ne s'entend plus palpiter.

Ma pauvre âme, ensevelie
Dans cette mortalité,
Ouvre sa mélancolie,
Et comme un lin la déplie
Au soleil de ta bonté.

S'enveloppant tout entière
Dans les plis de ta splendeur,
Comme l'ombre à la lumière
Elle ruisselle en prière,
Elle rayonne en ardeur.

Oh! qui douterait encore
D'une bonté dans les cieux,
Quand un rayon de l'aurore,
Qui s'égare, fait éclore
Ces ravissements des yeux?

Est-il possible, ô nature,
Source dont Dieu tient la clé,
Où boit toute créature,
Lorsque la goutte est si pure,
Que l'abîme soit troublé?

Toi qui dans la perle d'onde,
Dans deux brins d'herbe pliés,
Peux renfermer tout un monde
D'un bonheur qui surabonde
Et déborde sur tes piés,

Avare de ces délices
Qu'entrevoit ici le cœur,
Peux-tu des divins calices
Nous prodiguer les prémices
Et répandre la liqueur ?

Dans cet infini d'espace,
Dans cet infini de temps,
A la splendeur de ta face,
O mon Dieu, n'est-il pas place
Pour tous les cœurs palpitants ?

Source d'éternelle vie,
Foyer d'éternel amour,
A l'âme à peine assouvie
Faut-il que le ciel envie
Son étincelle et son jour ?

Non, ces courts moments d'extase
Dont parfois nous débordons
Sont un peu de miel du vase,
Écume qui s'extravase
De l'océan de tes dons.

Elles y nagent, j'espère,
Dans les secrets de tes cieux,
Ces chères âmes, ô Père,
Dont nous gardons sur la terre
Le regret délicieux !

Vous, pour qui mon œil se voile
Des larmes de notre adieu,
Sans doute dans quelque étoile
Le même instant vous dévoile
Quelque autre perle de Dieu !

Vous contemplez, assouvies,
Des champs de sérénité ;
Ou vous écoutez, ravies,
Murmurer la mer de vies
Au lit de l'éternité !

Le même Dieu, qui déploie
Pour nous un coin du rideau,
Nous enveloppe et nous noie,
Vous dans une mer de joie,
Moi dans une goutte d'eau.

Pourtant mon âme est si pleine,
O Dieu, d'adoration,
Que mon cœur la tient à peine,
Et qu'il sent manquer l'haleine
A sa respiration !

Par ce seul rayon de flamme
Tu m'attires tant vers toi,
Que si la mort, de mon âme
Venait délier la trame,
Rien ne changerait en moi ;

Sinon qu'un cri de louange
Plus haut et plus solennel
En voix du concert de l'ange
Changerait ma voix de fange,
Et deviendrait éternel.

Oh! gloire à toi, qui ruisselle
De tes soleils à la fleur !
Si grand dans une parcelle !
Si brûlant dans l'étincelle !
Si plein dans un pauvre cœur !

XVI

ÉPITRE A M. ADOLPHE DUMAS

XVI

ÉPITRE A M. ADOLPHE DUMAS

———

18 septembre 1833.

Musa pedestris.

Dans les plis d'un coteau j'étais assis à terre,
Le soleil inondant l'horizon solitaire;
Une brise des bois jouant dans mes cheveux,
Paix, lumière et chaleur, servi dans tous mes vœux;
Mon jeune chien, quêtant parmi les sillons fauves,
Effeuillait à mes pieds les bluets et les mauves,
Faisant lever, joyeux, l'alouette du sol,
Dont le rire en partant l'insultait dans son vol :

Et tout était sourire et grâces sur mes lèvres;
Et, semblable au berger qui rappelle ses chèvres,
Et rassemble au bercail les petits des troupeaux,
Tous mes sens rappelaient mon esprit au repos.
Je bénissais Celui dont l'immense nature
Prête place au soleil à chaque créature,
Et la terre de Dieu qui, du val au coteau,
A pour nous cacher tous un coin de son manteau;
Et je ne savais pas, dans ma paisible extase,
Si quelque ver rongeur piquait au cœur ma phrase,
Si l'encre à flots épais distillait du flacon,
Pour faire sur la feuille une tache à mon nom;
Ou si quelque journal aux doctrines ridées,
Comme les factions enrôlant les idées,
Condamnait ma pensée à tenir dans l'esprit
Et dans l'étroit pathos de l'*orateur inscrit*,
Et jetait sur mon vers ou sur ma prose indigne
L'ombre de ces grands noms qu'un *gérant* contre-signe :
Le *Courrier* m'eût privé de feu, de sel et d'eau,
Que le jour sur mon front n'eût pas brillé moins beau.

Oh! nous sommes heureux parmi les créatures,
Nous à qui notre mère a donné deux natures,
Et qui pouvons, au gré de nos instincts divers,
Passer d'un monde à l'autre et changer d'univers!
Lorsque nos pieds saignant dans les sentiers de l'homme
Ont usé cette ardeur que le soleil consomme,
Notre âme, à ces labeurs disant un court adieu,
Prend son aile, et s'enfuit dans les œuvres de Dieu;
La contemplation qui l'enlève à la terre
Lui découvre la source où l'eau la désaltère;
Puis quand la solitude a rafraîchi ses sens,
Son courage l'appelle, et lui dit : « Redescends! »

Ainsi quand le pêcheur, fatigué de la rame,
Dans les replis d'une anse a rattaché sa prame,
Il ressaisit la bêche, et du terrain qu'il rompt
Fend la glèbe humectée avec l'eau de son front;
Et quand la bêche échappe à sa main qu'elle brise,
Il rehisse sa voile au souffle de la brise,
Et regarde, en fendant la mer d'un autre soc,
La poudre de la vague écumer sous son foc :
Pour son double élément il semble avoir deux âmes,
Taureau dans le sillon, mouette sur les lames.
Poëte, âme amphibie aux éléments divers,
Ta vague ou ton sillon, c'est ta prose ou tes vers !

J'étais ainsi plongé dans cet oubli des choses,
Quand le vent du midi, parmi l'odeur des roses,
M'apporta cette épître où ton cœur parle au mien
En vers entrecoupés comme un libre entretien ;
Billet où tant de sens parle avec tant de grâce,
Que Virgile l'eût pris pour un billet d'Horace,
Pour un de ces oiseaux du Béranger romain,
Qui, prenant au hasard leur doux vol de sa main,
Les pieds encor trempés des ondes de Blanduse,
Allaient porter au loin les saluts de sa muse,
Et dont plusieurs, volant vers la postérité,
S'égarèrent pour nous dans l'immortalité.
Celui qui m'apporta tes vers sur ma fenêtre,
Ami, ressemblait tant aux colombes du maître,
Que, promenant ma main sur l'oiseau familier,
Je cherchai si son cou n'avait pas de collier.
Croyant lire en latin l'exergue de sa bague :
« Je viens du frais Tibur; » mais il venait d'*Eyrague*[1].

---

[1] Village de Provence, d'où la lettre de M. Dumas était datée.

Je les ai lus trois fois, ces vers consolateurs,
Sans me laisser surprendre à leurs philtres flatteurs ;
Sur ce nectar du cœur j'ai promené la loupe,
J'ai vidé le poison ; mais j'ai gardé la coupe,
Cette coupe où la main a ciselé dans l'or
Ton amitié pour moi, que j'y veux lire encor !

. . . .
. . . .

Il est doux, au roulis de la mer où l'on nage,
De voir un feu lointain luire sur le rivage ;
De sentir, au milieu des pierres de l'affront,
La feuille d'oranger vous tomber sur le front :
Pour rendre à cet ami l'odorante pensée,
On cherche avec amour la main qui l'a lancée,
Et l'on éprouve un peu ce que Job éprouva
Lorsque de son fumier son ange le leva.
Au plus noir de l'absinthe à mes lèvres versée,
C'est là l'impression du miel de ta pensée.
Je me dis : « Ce vent doux parmi tant de frimas
N'est pas né, je le sens, dans les mêmes climats ;
Mais, venu d'Orient, son souffle que j'aspire
A l'odeur d'un laurier et le son d'une lyre ! »

Ce n'est pas cependant que mon esprit enflé
De l'orgueilleux chagrin d'un grand homme sifflé,
Jugeant avec mépris le siècle qui le juge,
Cherche à sa vanité ce sublime refuge
Où le Tasse et Milton, loin de leurs détracteurs,
Ont, leur gloire à la main, attendu leurs lecteurs.
Lorsque dans l'avenir un siècle ingrat l'exile,
Oui, l'immortalité du génie est l'asile !
Mais, pour chercher comme eux l'ombre de ses autels,
Il faut avoir commis leurs livres immortels ;

D'un grand forfait de gloire il faut être coupables :
L'ostracisme n'écrit que des rois sur ses tables.
Pour nous, sujets obscurs du jour qui va finir,
Laissons aux immortels leur foi dans l'avenir,
Buvons sans murmurer le nectar ou la fange,
Et ne nous flattons pas que le siècle nous venge.

Nous venger? l'avenir? lui, gros d'un univers?
Lui, dans ses grandes mains peser nos petits vers?
Lui, s'arrêter un jour dans sa course éternelle
Pour revoir ce qu'une heure a broyé sous son aile?
Pour exhumer du fond de l'insondable oubli
La page où du lecteur le doigt a fait un pli?
Pour décider, au nom de la race future,
Si l'hémistiche impie offensa la césure ;
Ou si d'un feuilleton les arrêts en lambeaux
Ont fait tort d'une rime aux morts dans leurs tombeaux?

Quoi qu'en disent là-haut les scribes dans leurs sphères,
L'avenir, mes amis, aura d'autres affaires ;
Il aura bien assez de sa tâche au soleil,
Sans venir remuer nos vers dans leur sommeil.
Jamais le lit trop plein de l'océan des âges
De flots plus débordants ne battit ses rivages ;
Jamais le doigt divin à l'éternel torrent
N'imprima dans sa fuite un plus fougueux courant ;
On dirait qu'amoureux de l'œuvre qu'il consomme,
L'esprit de Dieu, pressé, presse l'esprit de l'homme,
Et, trouvant l'œuvre longue et les soleils trop courts,
Dans l'heure qu'il condense accumule les jours.
Que d'œuvres à finir, que d'œuvres commencées
Lèguent au lendemain nos mourantes pensées !

Quelle route sans fin nous traçons à ses pas!
Que sera ce chaos, s'il ne l'achève pas?
Qu'il lui faudra de mains pour élever ces pierres
Que nous taillons à peine au fond de leurs carrières!
Qui donnera le plan, la forme, le dessin?
Quel effort convulsif contractera son sein?
Un monde à soulever, couché dans ses vieux langes;
L'homme, image tombée, à dépouiller de fanges,
Comme on dresse au soleil, du limon de l'oubli,
Dans les sables du Nil un sphinx enseveli!
Sous mille préjugés dans la honte abattue,
Refaire un piédestal à la sainte statue,
Et sur son front levé rendre à l'humanité
Les rayons disparus de sa divinité!
Réveiller l'homme enfant emmaillotté de songes,
Des instincts éternels séparer nos mensonges,
Des nuages obscurs qui couvrent l'horizon
Dégager lentement le jour de la raison;
De chaque vérité dont la lumière est flamme,
Du genre humain croissant féconder la grande âme;
Des peuples écoulés dépassant les niveaux,
Le faire déborder en miracles nouveaux;
Asservir à l'esprit les éléments rebelles,
Prendre au feu sa fumée, à l'aquilon ses ailes;
Sur des fleuves d'acier faire voguer les chars,
Multiplier ses sens par les sens de nos arts;
De ces troupeaux humains que la verge fait paître,
Parqués, marqués au flanc par les ciseaux du maître,
Fondre les nations en peuple fraternel,
Dont Dieu marque le front de son chiffre éternel;
Au lieu de mille lois qu'une autre loi rature,
Dans le code infaillible écrire la nature,
Déshonorer la force, et sur l'esprit dompté
Faire du ciel en nous régner la volonté!

Comme du lit des mers les vagues débordées,
Voir les faits s'écrouler sous le choc des idées,
Porter toutes les mains sur l'arche des pouvoirs,
Combiner d'autres droits avec d'autres devoirs;
Parlant en vérités et plus en paraboles,
Arracher Dieu visible à l'ombre des symboles;
Dans l'esprit grandissant où sa foi veut grandir,
Au lieu de le voiler, le faire resplendir,
Et, lui restituant l'univers qu'il anime,
Faire l'homme pontife et le culte unanime;
Écouter les grands bruits que feront en croulant
L'autel renouvelé, le trône chancelant,
Les voix de ces tribuns ameutant les tempêtes,
Artistes, orateurs, penseurs, bardes, prophètes.
Vaste bourdonnement des esprits en émoi,
Dont chacun veut son jour, et crie au temps : « A moi ! »

Voilà de l'avenir l'œuvre où la peine abonde.
Et tu veux qu'au milieu de ce travail d'un monde
Le siècle des six jours, sur sa tâche incliné,
Se retourne pour voir quelle âme a bourdonné?
C'est l'erreur du ciron qui croit remplir l'espace.
Non : pour tout contenir le temps n'a que sa place;
La gloire a beau s'enfler, dans les siècles suivants
Les morts n'usurpent pas le soleil des vivants ;
La même goutte d'eau ne remplit pas deux vases;
Le fleuve en s'écoulant nous laisse dans ses vases,
Et la postérité ne suspend pas son cours
Pour pêcher nos orgueils dans le vieux lit des jours.

Quoi! faut-il en pleurer? Le doux chant du poëte
Ne le charme-t-il donc qu'autant qu'on le répète?

Le son mélodieux du bulbul de tes bois
Est-il donc dans l'écho plutôt que dans la voix?
N'entends-tu pas en toi de célestes pensées,
Par leur propre murmure assez récompensées?
Le génie est-il donc extase ou vanité!
N'écouterais-tu pas pendant l'éternité
Le bruit mélodieux de ces ailes de flamme,
Que fait l'aigle invisible en traversant ton âme?
Le cœur a-t-il besoin que dans ses sentiments
Tout l'univers palpite avec ses battements?
Eh! qu'importe l'écho de ta voix faible ou forte?
N'est-il pas aussi long que le vent qui l'emporte?
Ne se confond-il pas dans cet immense chœur
Que la vie et l'amour tirent de chaque cœur?
N'as-tu pas vu souvent, aux jours pâles d'automne,
Le vent glacé du nord, dont l'aile siffle et tonne,
Fouetter en tourbillons, dans son fougueux courant,
Les dépouilles du bois en liquide torrent?

Du fleuve où roule à sec sa gerbe amoncelée,
Le bruit des grandes eaux monte sur la vallée :
Bien qu'un gémissement sorte de chaque pli,
Notre oreille n'entend qu'un immense rouli;
Mais l'oreille de Dieu, qui plus haut les recueille,
Distingue dans ce bruit la voix de chaque feuille,
Et du brin d'herbe mort le plus léger frisson,
Dont ce bruit collectif accumule le son.
C'est ainsi, mon ami, que dans le bruit terrestre,
Dont le génie humain est le confus orchestre,
Et qu'emporte en passant l'esprit de Jéhova,
Le faible bruit de l'homme avec l'homme s'en va.
A l'oreille de Dieu ce bruit pourtant arrive;
Chaque âme est une note, hélas! bien fugitive;

Chaque son meurt bientôt ; mais l'hymne solennel
S'élève incessamment du temps à l'Éternel,
Notre voix, qui se perd dans la grande harmonie,
Va retentir pourtant à l'oreille infinie.
Hé quoi! n'est-ce donc rien que d'avoir en passant
Jeté son humble strophe au concert incessant,
Et d'avoir parfumé ses ailes poétiques
De ces soupirs notés dans les divins cantiques?
Faut-il, pour écouter ce qui mourra demain,
Imposer à jamais silence au genre humain?

Elle vole plus haut, l'âme du vrai poëte!
De toute ma raison, ami, je te souhaite
Le dédain du journal, l'oubli de l'univers,
Le gouffre du néant pour ta prose ou tes vers;
Mais au fond de ton cœur une source féconde
Où l'inspiration renouvelle son onde,
Et dont le doux murmure, en berçant ton esprit,
Coule en ces vers muets qu'aucune main n'écrit;
Une âme intarissable en sympathique extase,
Où l'admiration déborde et s'extravase;
Ces saints ravissements devant l'œuvre de Dieu,
Qui font pour le poëte un temple de tout lieu;
Ces conversations en langue intérieure
Avec l'onde qui chante ou la brise qui pleure,
Avec l'arbre, l'oiseau, l'étoile au firmament,
Et tout ce qui devient pensée ou sentiment;
Une place au soleil contre un mur, où l'abeille,
Nageant dans le rayon, bourdonne sous la treille;
Sous les verts parasols de tes pins du Midi,
Une pente d'un pré par le ciel attiédi,
D'où le regard glissant voit à travers la brume
La mer bleue au rocher jeter sa blanche écume,

Et la voile lointaine à l'horizon mouvant
Comme un arbre des flots s'incliner sous le vent,
Et d'où le bruit tonnant des vagues élancées,
Donnant une secousse à l'air de tes pensées,
Te fait rêver pensif à ce vaste miroir
Où Dieu peint l'infini pour le faire entrevoir !...
Un reflet de ton ciel toujours sur ton génie ;
Des cordes de ton cœur la parfaite harmonie ;
La conscience en paix sommeillant dans ton sein,
Comme une eau dont nul pied n'a troublé le bassin ;
Au flanc d'une colline où s'étend ton royaume,
Un toit de tuile rouge ou d'ardoise ou de chaume,
Dont l'ombre soit ton monde, et dont le pauvre seuil
Ne rende après cent ans son maître qu'au cercueil.
Là, des sommeils légers que l'alouette éveille,
Pour reprendre gaîment le sillon de la veille ;
Une table frugale où la fleur de tes blés
Éclate auprès des fruits que la greffe a doublés ;
Sur le noyer luisant dont ton chanvre est la nappe,
Un vin dont le parfum te rappelle sa grappe ;
Un platane en été ; dans l'hiver, un foyer
Où ta main jette au feu le noyau d'olivier ;
Aux flambeaux dont ta ruche a parfumé la cire,
Des livres cent fois lus que l'on aime à relire,
Phares consolateurs que pour guider notre œil
Les tempêtes du temps ont laissés sur l'écueil,
Dont nos vents inconstants n'agitent plus la flamme,
Mais qui luisent bien haut au firmament de l'âme !...
Pour que le fond du vase ait encor sa douceur,
Jusqu'au soir de la vie une mère, une sœur,
Un ami des vieux jours, voisin de solitude,
Exact comme l'aiguille et comme l'habitude,
Et qui vienne le soir, de son mot régulier,
Reprendre au coin du feu l'entretien familier.

Avec cela, mon cher, que l'ongle des critiques
Marque du pli fatal nos pages poétiques;
Heureux à nos soleils, qu'on nous siffle à Paris,
La gloire me plairait... pour la vendre à ce prix!

XVII

A UNE JEUNE FILLE

QUI ME DEMANDAIT DE MES CHEVEUX

XVII

A UNE JEUNE FILLE

QUI ME DEMANDAIT DE MES CHEVEUX

———

Des cheveux? mais ils sont blanchis sous les années!
Des cheveux? mais ils vont tomber sous les hivers!
Que feraient tes beaux doigts de leurs boucles fanées?
Pour tresser la couronne, il faut des rameaux verts.

Crois-tu donc, jeune fille aux jours d'ombre et de joie,
Qu'un front d'homme, chargé de quarante printemps,
Germe ces blonds anneaux et ces boucles de soie,
Où l'espérance joue avec tes dix-sept ans?

Crois-tu donc que la lyre où notre âme s'accorde
Chante au fond de nos cœurs toujours pleine de voix,
Sans que de temps en temps il s'y rompe une corde
Qui laisse, en se taisant, un vide sous nos doigts?

Pauvre naïve enfant, que dirait l'hirondelle
Si, quand l'hiver l'abat aux débris de sa tour,
Ta voix lui demandait les plumes de son aile,
Qu'emporte la tempête ou sème le vautour?

« Demande, dirait-elle, au nuage, à l'écume,
A l'épine, au désert, aux ronces du chemin :
A tous les vents du ciel j'ai laissé quelque plume,
Et pour me réchauffer je n'ai plus que ta main! »

Ainsi te dit mon cœur, jeune et tendre inconnue.
Mais quand dans ces cheveux tes souffles passeront,
Je sentirai longtemps, malgré ma tempe nue,
La séve de vingt ans battre encor dans mon front.

XVIII

A ANGELICA

XVIII

A ANGELICA

BARONNE DE ROTHKIRKE

Saint-Point, 25 septembre 1834.

Jeune voix que Dieu fit éclore
Comme un hymne au matin du jour,
Chaque âme en ce triste séjour
Pour toi fut un temple sonore
Que tu remplis de sons, de délire et d'amour.

Bulbul ainsi que toi ne chante qu'une aurore;
Mais il revient souvent au bois qu'il a quitté
Écouter si du roc la source coule encore,
En soupirs aussi purs si le son s'évapore,
Si la rosée y tombe aux tièdes nuits d'été.

Ah! reviens comme lui, bel oiseau qui t'envole!
Tu trouveras toujours un écho dans nos bois,
Un désert dans nos cœurs qu'aucun bruit ne console,
Et des pleurs dans nos yeux pour tomber à ta voix.

XIX

A AUGUSTA

XIX

A AUGUSTA

Bulbul enivre toute oreille
De sons, de musique et de bruit;
Sa voix éclatante réveille
Les échos charmés de la nuit;

La douce et blanche tourterelle
N'a qu'une note dans la voix,
Mais cette note est éternelle,
Et ne dort jamais sous les bois;

C'est un souffle qu'amour agite,
Un soupir qui pleure en sortant;
C'est un cœur ému qui palpite,
C'est une âme que l'on entend.

Plus on écoute, et plus on rêve;
En vain ce soupir n'a qu'un son,
L'oreille attend, devine, achève,
Et l'âme vibre à l'unisson.

Celui qu'un double charme attire
Entre l'ivresse et la langueur,
Écoute, hésite, et ne peut dire
Lequel est l'oiseau de son cœur.

XX

LE TOMBEAU DE DAVID

A JÉRUSALEM

XX

LE TOMBEAU DE DAVID

A JÉRUSALEM

A M. DARGAUD

I

O harpe qui dors sur la tête
Immense du poëte-roi,
Veuve immortelle du prophète,
Un jour encore éveille-toi!
Quoi! dans cette innombrable foule
Des races dont le pied te foule,
Il n'est plus une seule main
Qui te remue et qui t'accorde,
Et qui puisse un jour sur ta corde
Faire éclater l'esprit humain?

Es-tu comme le large glaive
Dans les tombes de nos aïeux,
Qu'aucun bras vivant ne soulève,
Et que l'on mesure des yeux?
Harpe du psalmiste, es-tu comme
Ces gigantesques crânes d'homme
Que le soc découvre sous lui,
Grands débris d'une autre nature
Qui, pour animer leur stature,
Voudraient dix âmes d'aujourd'hui?

Est-ce que l'haleine divine
Qui souffla mille ans sur ces bords
Ne soulève plus de poitrine
Assez mâle pour tes accords?
Cordes muettes de Solyme,
Que faut-il pour qu'un Dieu ranime
Vos ferventes vibrations?
Viens sur mon sein, harpe royale :
Écoute si ce cœur égale
Tes larges palpitations!

N'y sens-tu pas battre cette âme
Qui lutte avec des sens mortels,
Et qui jette au milieu du drame
Des cris qui fendent les autels?
N'y sens-tu pas dans son cratère,
Comme des laves sous la terre,
Gronder les fibres de douleurs?
N'entends-tu pas sous leurs racines,
Comme un Cédron sous ses ravines,
Filtrer le sourd torrent des pleurs?

Faut-il avoir dans son enfance,
Gardien d'onagre et de brebis,
Brandi la fronde à leur défense,
Porté leurs toisons pour habits?
Faut-il avoir sur ces collines
Laissé son sang sur les épines,
Déchiré ses pieds au buisson,
Collé dans la nuit solitaire
Son oreille au pouls de la terre,
Pour résonner à l'unisson?

Faut-il d'une pieuse femme,
A la mamelle de ta foi,
Avoir bu ce saint lait de l'âme
Où s'allume la soif de toi?
Faut-il, enfant des sacrifices,
Avoir transvasé les prémices
Dans les corbeilles du saint lieu,
Et retenu ce doux bruit d'ailes
Que font les prières mortelles
En s'abattant aux pieds de Dieu?

Faut-il avoir aimé son frère
Jusqu'à l'exil, jusqu'au trépas,
Et, persécuté par son père,
Versé son cœur sur Jonathas?
Coupable d'amours insensées,
Faut-il avoir dans ses pensées
Retourné cent fois le remord,
Meurtri ses membres sur sa couche,
Et, déjà vieux, collé sa bouche
Aux pieds glacés de son fils mort?

Sur l'abîme de ta justice,
Où toute raison se confond,
Comme du haut d'un précipice
Faut-il avoir plongé sans fond?
Avec les ruisseaux de sa joue
Faut-il avoir pétri la boue
Dont fut formé l'insecte humain,
Et serré des deux bras la terre,
Comme le guerrier mort qui serre
L'herbe sanglante avec sa main?

II

Tout cela je l'ai fait, ô funèbre génie
Qui mesure à nos pleurs tes torrents d'harmonie!
Tout cela je l'ai bu dans la coupe où je bois,
Dans le sang de mon cœur, dans le lait de ma mère,
Dans l'argile, où du sort l'eau n'est pas moins amère
    Que les larmes des yeux des rois!

Crois-tu qu'en vieillissant sur ce globe des larmes,
Le mal ait émoussé la pointe de ses armes;
Que le cœur du sujet soit d'un autre élément;
Que la fibre royale ait une autre nature,
Et que notre humble chair sèche sous la torture
    Sans rendre de gémissement?

III

Non! de tous ces grands cris j'ai parcouru la gamme,
De la plainte des sens jusqu'aux langueurs de l'âme;
Chaque fibre de l'homme au cœur m'a palpité,
Comme un clavier touché d'une main lourde et forte,
Dont la corde d'airain se tord brisée et morte,
      Et que le doigt emporte
      Avec le cri jeté.

Pourquoi donc sous mon souffle et sous mes doigts rebelles,
O harpe, languis-tu comme un aiglon sans ailes,
Tandis qu'un seul accord du barde d'Israël
Fait après deux mille ans, dans les chœurs de nos fêtes,
D'Horeb et de Sina chanceler les deux faîtes,
      Résonner les tempêtes,
      Et fulgurer le ciel?

Ah! c'est que la douleur et son brûlant délire
N'est pas le feu du temple et la clef de la lyre!
C'est que de tout foyer ton amour est le feu;
C'est qu'il t'aïmait, Seigneur, sans mesure et sans doute,
Que son âme à tes pieds s'épanchait goutte à goutte,
      Et qu'on ne sait, quand on l'écoute,
S'il parle à son égal ou s'il chante à son Dieu!

Jamais l'amour divin qui soulève le monde
Comme l'astre des nuits des mers soulève l'onde,

Ne permit au limon où son image a lui
De s'approcher plus près pour contempler sa face,
Et de combler jamais d'une plus sainte audace
    L'infranchissable espace
    De la poussière à lui!

IV

Louanges, élans, prières,
Confidences familières,
Battements d'un cœur de feu ;
Tout ce qu'amour à peine ose,
Pieds qu'il presse et qu'il arrose,
Front renversé qui repose
Couché sur le sein de Dieu ;

Soupirs qui fendent les roches,
Colères, tendres reproches
Sur un ingrat abandon ;
Retours de l'âme égarée,
Et qui revient altérée
Baiser la main retirée,
Sûre du divin pardon ;

Larmes que Dieu même essuie
Ruisselant comme une pluie
Sur qui son courroux s'abat ;
Bruyant assaut de pensées,

Apostrophes plus pressées
Que mille flèches lancées
Par une armée au combat ;

Toutes les tendres images
Des plus amoureux langages,
Trop tièdes pour tant d'ardeurs ;
De toute chose animée
Sur ses collines semée,
La terre entière exprimée
Pour faire un faisceau d'odeurs ;

Le lis noyé de rosée,
La perle des nuits posée
Sur les roses de Sârons ;
L'ombre du jour sous la grotte,
L'eau qui filtre et qui sanglote,
La splendeur du ciel qui flotte
Sur l'aile des moucherons ;

L'oiseau que la flèche frappe,
Qui vient becqueter la grappe
Dans les vignes d'Engaddi ;
La cigale infatigable,
De l'homme émiettant la table ;
Hymne vivant que le sable
Darde au rayon du midi ;

Toutes les langueurs de l'âme ;
Le cerf altéré qui brame

Pour l'eau que le désert boit,
L'agneau broutant les épines,
Le chameau sur les collines,
Le lézard dans les ruines,
Le passereau sur le toit;

La mendiante hirondelle,
Dont le vautour plume l'aile,
Brisée au pied de sa tour :
Sont la note tendre et triste
De la harpe du psalmiste,
Par qui notre oreille assiste
A ces mystères d'amour.

V

Ah! c'est que tu touchais de tes miséricordes
Ce barde dont ta grâce avait monté les cordes;
De ses psaumes vainqueurs tu faisais don sur don.
Il pouvait t'oublier sur son lit de mollesses :
Tu poursuivais son cœur, au fond de ses faiblesses,
  De ton impatient pardon!

Fautes, langueurs, oubli, défaillances, blasphèmes,
Adultère sanglant, trahisons, forfaits mêmes,
Ta grâce couvrait tout du flux de tes bontés;
Et, comme l'Océan dévore son écume,
Son âme, engloutissant le mal qui la consume,
  Dévorait ses iniquités.

Quel forfait n'eût lavé cette larme sonore
Qui tomba sur la harpe et qui résonne encore?
Les rocs de Josaphat en gardent la senteur ;
Tu défendis aux vents d'en sécher les rivages,
Et tu dis aux échos : « Roulez-la dans les âges!
Humectez tous vos yeux, mouillez tous les visages
    Des larmes de mon serviteur! »

. . . .
. . . .

VI

J'ai vu blanchir sur les collines
Les brèches du temple écroulé,
Comme une aire d'aigle en ruines
D'où l'aigle au ciel s'est envolé ;
J'ai vu sa ville devenue
Un blanc monceau de cendre nue
Qui volait sous un vent de feu,
Et le guide des caravanes
Attacher le pied de ses ânes
Sur les traces du pied de Dieu.

Le chameau, las, baissant la tête
Pour s'abriter des cieux brûlants,
Dans le royaume du prophète
N'avait que l'ombre de ses flancs ;
Siloé qui le désaltère
N'était qu'une sueur de terre

Suant sa malédiction,
Et l'Arabe, en sa main grossière
Ramassant un peu de poussière,
Se disait : « C'est donc là Sion !... »

Des fondements de l'ancien temple
Un nouveau temple était sorti,
Que sous sa coupole plus ample
Un troisième avait englouti.
Trois dieux avaient vieilli ; leur culte,
S'écroulant sur ce sol inculte,
S'était renouvelé trois fois,
Comme un tronc qui toujours végète
Brise son écorce, et projette
De jeunes rameaux du vieux bois.

Le passereau, sous la muraille
Dont le temps blanchit le granit,
Cherchait en vain le brin de paille
Pour bâtir seulement son nid :
On ne voyait que des colombes
Voler sur les turbans des tombes ;
Et, se cachant sous ses débris,
Quelques âmes contemplatives
Sortir leurs figures craintives
Par les fentes de leurs abris.

Sous les pas cette solitude
N'avait que des bruits creux et sourds ;
Le désert avait l'attitude
Qu'il aura le dernier des jours.

Traînant les pieds, baissant la tête,
Je cherchais ta tombe, ô prophète,
Sous les ronces de ton palais,
Et je ne voyais que trois pierres,
Qu'un soleil dur à mes paupières
Incendiait de ses reflets.

Tout à coup, au tocsin des heures
Qui sonnent l'adoration,
Sortit de ces mornes demeures
Ta voix souterraine, ô Sion !
Des hommes de tous les visages,
Des langues de tous les langages,
Venus des quatre vents du ciel,
Multipliant l'écho des psaumes,
Convoquèrent tous les royaumes
A la prière d'Israël.

Mais, quand sur ma poitrine forte
J'étreignis la harpe des rois,
Le vent roula vers la mer Morte
L'écho triomphant de ma voix ;
Le palmier secoua sa poudre ;
Le ciel serein, de foudre en foudre,
Tonna le nom d'Adonaï ;
L'aigle effrayé lâcha sa proie,
Et l'on vit palpiter de joie
Deux ailes sur le Sinaï.

VII

Est-ce là mourir, ô prophète?
Quoi! pendant une éternité
Sentir le souffle qu'on lui prête
Respirer dans l'humanité;
Quoi! donner le vent de son âme
A toute chose qui s'enflamme,.
Être le feu de cet encens,
Et partout où le jour se couche
Avoir son cri sur toute bouche,
Son accent dans tous les accents:

Est-ce là mourir? Non! c'est vivre,
Plus vivant dans le verbe écrit;
Par chaque œil qui s'ouvre au saint livre,
C'est multiplier son esprit;
C'est imprimer sa sainte trace
Sur chaque parcelle d'espace
Où peuvent prier deux genoux!
Et nous, bardes au vain délire,
Dont les doigts sèchent sur la lyre,
Dites-moi : Pourquoi mourons-nous?

Ah! c'est que ta haute pensée,
Pur vase de délection,
N'était qu'une langue élancée
D'un foyer d'inspiration;

C'est que l'amour, sous son extase,
Donnait au parfum de ce vase
Leur sainte volatilité,
Et que partout où Dieu se pose,
Il laisse à l'homme quelque chose
De sa propre immortalité !

XXI

A M. LE COMTE DE VIRIEU

XXI

A M. LE COMTE DE VIRIEU

APRÈS LA MORT D'UN AMI COMMUN

LE BARON DE VIGNET

MORT A NAPLES EN 1838

Aimons-nous ! nos rangs s'éclaircissent,
Chaque heure emporte un sentiment :
Que nos pauvres âmes s'unissent
Et se serrent plus tendrement !

Aimons-nous ! notre fleuve baisse ;
Et de la coupe d'amitié
Que se passait notre jeunesse,
Les bords sont vides à moitié.

Aimons-nous! notre beau soir tombe;
Le premier des deux endormi
Qui se couchera dans la tombe
Laissera l'autre sans ami.

O Naples, sur ton cher rivage,
Lui, déjà ses yeux se sont clos:
Comme au lendemain d'un voyage,
Il a sa couche au bord des flots.

Son âme, harmonieux cantique,
Son âme, où les anges chantaient,
De sa tombe entend la musique
De ces mers qui nous enchantaient.

Comme un cygne à la plume noire,
Sa pensée aspirait au ciel,
Soit qu'enfant le sort l'eût fait boire
Quelque goutte amère de fiel;

Soit que l'infini trop avide,
Trop impatient du trépas,
Toute coupe lui parût vide;
Tant que Dieu ne l'emplissait pas.

Il était né dans des jours sombres,
Dans une vallée au couchant,
Où la montagne aux grandes ombres
Verse la nuit en se penchant.

Les pins sonores de Savoie
Avaient secoué sur son front
Leur murmure, sa triste joie,
Et les ténèbres de leur tronc.

Ainsi que ces arbres sublimes
Sur les Alpes multipliés,
Qui portent l'aube sur leurs cimes
En couvant la nuit à leurs piés,

Son âme nuageuse et sombre,
Trop haute pour ce vil séjour,
Laissant tout le reste dans l'ombre,
Du ciel seul recevait le jour !

Il aimait leurs mornes ténèbres
Et leur muet recueillement,
Et du pin, dans leurs nuits funèbres,
L'âpre et sourd retentissement.

Il goûtait les soirs gris d'automne,
Les brouillards du vent balayés,
Et le peuplier monotone
Pleuvant feuille à feuille à ses piés.

Des lacs déserts de sa patrie
Son pas distrait cherchait les bords,
Et sa plaintive rêverie
Trouvait sa voix dans leurs accords ;

Puis, comme le flot du rivage
Qui reprend ce qu'il a roulé,
Son dédain effaçait la page
Où son génie avait coulé.

Toujours errant et solitaire,
Voyant tout à travers la mort,
De son pied il frappait la terre,
Comme on pousse du pied le bord.

Et la terre a semblé l'entendre.
O mon Dieu! lasse avant le soir,
Reçois cette âme triste et tendre :
Elle a tant désiré s'asseoir !

Ames souffrantes d'où la vie
Fuit comme d'un vase fêlé,
Et qui ne gardent que la lie
Du calice de l'exilé;

Nous, absents de l'adieu suprême,
Nous qu'il plaignit et qu'il a fui,
Quelle immense part de nous-même
Est ensevelie avec lui !

Combien de nos plus belles heures,
De tendres serrements de mains,
De rencontres sous nos demeures,
De pas perdus sur les chemins !

Combien de muettes pensées
Que nous échangions d'un regard,
D'âmes dans les âmes versées,
De recueillements à l'écart!

Que de rêves éclos en foule
De ce que l'âge a de plus beau,
Le pied du passant qui le foule
Presse avec lui sur son tombeau!

Ainsi nous mourons feuille à feuille,
Nos rameaux jonchent le sentier;
Et quand vient la main qui nous cueille,
Qui de nous survit tout entier?

Ces contemporains de nos âmes,
Ces mains qu'enchaînait notre main,
Ces frères, ces amis, ces femmes,
Nous abandonnent en chemin.

A ce chœur joyeux de la route
Qui commençait à tant de voix,
Chaque fois que l'oreille écoute,
Une voix manque chaque fois.

Chaque jour l'hymne recommence,
Plus faible et plus triste à noter:
Hélas! c'est qu'à chaque distance
Un cœur cesse de palpiter.

Ainsi dans la forêt voisine,
Où nous allions, près de l'enclos,
Des cris d'une voix enfantine
Éveiller des milliers d'échos,

Si l'homme, jaloux de leur cime,
Met la cognée au pied des troncs
A chaque chêne qu'il décime
Une voix tombe avec leurs fronts.

Il en reste un ou deux encore :
Nous retournons au bord du bois
Savoir si le débris sonore
Multiplie encor notre voix.

L'écho, décimé d'arbre en arbre,
Nous jette à peine un dernier cri,
Le bûcheron au cœur de marbre
L'abat dans son dernier abri.

Adieu les voix de notre enfance,
Adieu l'ombre de nos beaux jours!
La vie est un morne silence,
Où le cœur appelle toujours!

XXII

VERS

ÉCRITS DANS LA CHAMBRE DE J.-J. ROUSSEAU

A L'ERMITAGE

XXII

VERS

ÉCRITS DANS LA CHAMBRE DE J.-J. ROUSSEAU

A L'ERMITAGE

———

A l'Ermitage de J.-J. Rousseau, le 7 juin 1833.

Toi dont le siècle encore agite la mémoire,
Pourquoi dors-tu si loin de ton lac, ô Rousseau ?
Un abîme de bruit, de malheur et de gloire,
Devait-il séparer ta tombe et ton berceau ?

De ce frais ermitage aux coteaux des Charmettes,
Par quels rudes sentiers ton destin t'a conduit !
Hélas ! la terre ainsi traîne tous ses poëtes
De leur berceau de paix à leur tombeau de bruit.

O forêt de Saint-Point, oh! cachez mieux ma cendre
Sous le chêne natal de mon obscur vallon.
Que l'écho de ma vie y soit tranquille et tendre,
C'est assez d'un seul cœur pour enfermer un nom!

XXIII

UTOPIE

XXIII

UTOPIE

A M. BOUCHARD

Saint-Point, **21 et 22** août 1837.

« *Enfant des mers, ne vois-tu rien là-bas ?* »

Frère, ce que je vois oserai-je le dire ?
Pour notre âge avancé, raisonner c'est prédire.

---

[1] M. Bouchard, jeune poëte de grande espérance et de haute philosophie, avait adressé à l'auteur une ode sur l'avenir politique du monde, dont chaque strophe finissait par ce vers :

Enfant des mers, ne vois-tu rien là-bas !

Cette ode, et une autre pièce de vers adressée par M. Bouchard à M. de Lamartine, sur son voyage en Orient ont été ajoutées à ce volume par l'éditeur.

Il ne faut pas gravir un foudroyant sommet,
Voir sécher ou fleurir la verge du prophète,
Des cornes du bélier diviniser sa tête,
Ni passer sur la flamme, au vent de la tempête,
     Le pont d'acier de Mahomet :

Il faut plonger ses sens dans le grand sens du monde
(Qu'avec l'esprit des temps notre esprit s'y confonde!),
En palper chaque artère et chaque battement,
Avec l'humanité s'unir par chaque pore,
Comme un fruit qu'en ses flancs la mère porte encore,
Qui, vivant de sa vie, éprouve avant d'éclore
     Son plus obscur tressaillement!

Oh! qu'il a tressailli, ce sein de notre mère!
Depuis que nous vivons, nous son germe éphémère,
Nous, parcelle sans poids de sa vaste unité,
Quelle main créatrice a touché ses entrailles?
De quel enfantement, ô Dieu, tu la travailles!
Et toi, race d'Adam, de quels coups tu tressailles
     Aux efforts de l'humanité!

Est-ce un stérile amour de sa décrépitude,
Un monstrueux hymen qu'accouple l'habitude?
Embryon avorté du doute et du néant?
Est-ce un germe fécond de jeunesse éternelle
Que pour éclore à temps l'amour couvait en elle,
Et qui doit en naissant suspendre à sa mamelle
     L'homme-Dieu d'un monde géant?

Frère du même lait, que veux-tu que je dise?
Que suis-je à ses destins, pour que je les prédise?
Moi qui sais sourdement que son sein a gémi,
Moi qui ne vois de jour que celui qu'elle allume,
Moi qu'un atome ombrage et qu'un éclair consume,
Et qui sens seulement au frisson de ma plume
  Que l'onde où je nage a frémi !

Écoute cependant ! Il est dans la nature
Je ne sais quelle voix sourde, profonde, obscure,
Et qui révèle à tous ce que nul n'a conçu ;
Instinct mystérieux d'une âme collective,
Qui pressent la lumière avant que l'aube arrive,
Lit au livre infini sans que le doigt écrive,
  Et prophétise à son insu.

C'est l'aveugle penchant des vagues oppressées
Qui reviennent sans fin, de leur lit élancées,
Battre le roc miné de leur flux écumant ;
C'est la force du poids par qui tout corps gravite,
La sourde impulsion des astres dans l'orbite,
Ou sur l'axe de fer l'aiguille qui palpite
  Vers les pôles où dort l'aimant ;

C'est l'éternel soupir qu'on appelle chimère,
Cette aspiration qui prouve une atmosphère,
Ce dégoût du connu, cette soif du nouveau,
Qui semblent condamner la race qui se lève
A faire un marchepied de ce que l'autre achève,
Jusqu'à ce qu'au niveau des astres qu'elle rêve
  Le monde ait porté son niveau.

« Il se trompe, » dis-tu. Quoi donc! se trompe-t-elle,
L'eau qui se précipite où sa pente l'appelle?
Se trompent-ils, le sein qui bat pour respirer,
L'air qui veut s'élever, le poids qui veut descendre,
Le feu qui veut brûler tant que tout n'est pas cendre,
Et l'esprit que Dieu fit sans bornes pour comprendre,
  Et sans bornes pour espérer?

Élargissez, mortels, vos âmes rétrécies!
O siècles, vos besoins, ce sont vos prophéties!
Votre cri, de Dieu même est l'infaillible voix.
Quel mouvement sans but agite la nature?
Le possible est un mot qui grandit à mesure,
Et le temps qui s'enfuit vers la race future
  A déjà fait ce que je vois...

La mer, dont les flots sont les âges,
Dont les bords sont l'éternité,
Voit fourmiller sur ses rivages
Une innombrable humanité.
Ce n'est plus la race grossière
Marchant les yeux vers la poussière,
Disputant l'herbe aux moucherons :
C'est une noble et sainte engeance
Où tous portent l'intelligence,
Ainsi qu'un diadème aux fronts.

Semblables aux troupeaux serviles
Sur leurs pailles d'infections,
Ils ne vivent pas dans des villes,
Ces étables des nations.
Sur les collines et les plaines,
L'été, comme des ruches pleines,
Les essaims en groupe pareil,
Sans que l'un à l'autre l'envie,
Ont chacun leur arpent de vie,
Et leur large place au soleil.

Les éléments de la nature,
Par l'esprit enfin surmontés,
Lui prodiguant la nourriture
Sous l'effort qui les a domptés,
Les nobles sueurs de sa joue
Ne vont plus détremper la boue
Que sa main doit ensemencer :
La sainte loi du labeur change ;
Son esprit a vaincu la fange,
Et son travail est de penser.

Il pense, et de l'intelligence
Les prodiges multipliés
Lui font de distance en distance
Fouler l'impossible à ses piés.
Nul ne sait combien de lumière
Peut contenir notre paupière,
Ni de Dieu ce que tient la main,
Ni combien de mondes d'idées,
L'une de l'autre dévidées,
Peut contenir l'esprit humain.

Elle a balayé tous les doutes,
Celle qu'en feux le ciel écrit,
Celle qui les éclaire toutes :
L'homme adore et croit en esprit.
Minarets, pagodes et dômes
Sont écroulés sur leurs fantômes,
Et l'homme, de ces dieux vainqueur,
Sous tous ces temples en poussière
N'a ramassé que la prière,
Pour la transvaser dans son cœur !

Un seul culte enchaîne le monde,
Que vivifie un seul amour :
Son dogme, où la lumière abonde,
N'est qu'un Évangile au grand jour ;
Sa foi, sans ombre et sans emblème,
Astre éternel que Dieu lui-même
Fait grandir sur notre horizon,
N'est que l'image immense et pure
Que le miroir de la nature
Fait rayonner dans la raison.

C'est le Verbe pur du Calvaire,
Non tel qu'en terrestres accents
L'écho lointain du sanctuaire
En laissa fuir le divin sens,
Mais tel qu'en ses veilles divines
Sur le front couronné d'épines
Il rayonnait d'un jour soudain :
Ciel incarné dans la parole,
Dieu dont chaque homme est le symbole,
Le songe du Christ au jardin !

Cette loi qui dit à tous : « Frère, »
A brisé les divisions
Qui séparaient les fils du père
En royaumes et nations.
Semblable au métal de Corinthe
Qui, perdant la forme et l'empreinte
Du sol ou du rocher natal,
Quand sa lave fut refroidie,
Au creuset du grand incendie
Fut fondu dans un seul métal.

Votre tête est découronnée,
Rois, césars, tyrans, dieux mortels
A qui la terre prosternée
Dressait des trônes pour autels.
Quand l'égalité fut bannie,
L'homme inventa la tyrannie,
Pour qu'un seul exerçât ses droits :
Mais au jour de Dieu qui se lève
Le sceptre tombe sur le glaive ;
Nul n'est esclave, et tous sont rois !...

La guerre, ce grand suicide,
Ce meurtre impie à mille bras,
Ne féconde plus d'homicide
Ce sol engraissé de trépas.
La soif de morts est assouvie :
Séve de pourpre de la vie,
L'homme a sacré le sang humain ;
Dieu lui-même en compte les gouttes,
Et, vengeur, les retrouve toutes
Ou dans la veine... ou sur la main !

Avec les erreurs et les vices
S'engendrant éternellement,
Toutes les passions factices
Sont mortes, faute d'aliment.
Pour élargir son héritage,
L'homme ne met plus en otage
Ses services contre de l'or ;
Serviteur libre et volontaire,
Une demande est son salaire,
Et le bienfait est son trésor.

L'égoïsme, étroite pensée
Qui hait tout pour n'adorer qu'un,
Maudit son erreur insensée,
Et jouit du bonheur commun :
Au lieu de resserrer son âme,
L'homme immense en étend la trame
Aussi loin que l'humanité,
Et, sûr de grandir avec elle,
Répand sa vie universelle
Dans l'indivisible unité !

. . . .
. . . .
. . . .
. . . .

« Oh! dis-tu, si ton âme a vu toutes ces choses,
» Si l'humanité marche à ces apothéoses,
» Comment languir si loin? comment croupir si bas?
» Comment, rentrant au cœur sa colère indignée,
» Suivre dans ses sillons la brute résignée,
» Et ne pas soulever la hache et la cognée
  » Pour lui faire presser ses pas?

» Honte à nous! honte à toi, faible et timide athlète!
» Allume au ciel ta torche! » Ami, dit le poëte,
Nul ne peut retenir ni presser les instants.
Dieu, qui dans ses trésors les puise en abondance,
Pour ses desseins cachés les presse ou les condense :
Les hâter, c'est vouloir hâter sa providence.
  Les pas de Dieu sont ceux du temps!

Eh! que sert de courir quand la marche est sans terme?
Le premier, le dernier, qu'on l'ouvre ou qu'on la ferme,
La mort nous trouve tous et toujours en chemin!
Le paresseux s'assied, l'impatient devance;
Le sage, sur la route où le siècle s'avance,
Marche avec la colonne au but qu'il voit d'avance,
  Au pas réglé du genre humain!

Il est, dans les accès des fièvres politiques,
Deux natures sans paix de cœurs antipathiques :
Ceux-là dans le roulis niant le mouvement,
Pour végétation prenant la pourriture,
A l'immobilité condamnant la nature,
Et mesurant, haineux, à leur courte ceinture
  Son gigantesque accroissement!

Ceux-ci, voyant plus loin sur un pied qui se dresse,
Buvant la vérité jusqu'à l'ardente ivresse,
Mêlant au jour divin l'éclair des passions,
Voudraient pouvoir ravir l'étincelle à la foudre,
Et que le monde entier fût un monceau de poudre,
Pour faire d'un seul coup tout éclater en poudre,
   Lois, autels, trônes, nations!

Nous, amis, qui plus haut fondons nos confiances,
Marchons au but certain sans ces impatiences!
La colère consume, et n'illumine pas;
La chaste vérité n'engendre pas la haine.
Si quelque vil débris barre la voie humaine,
Écartons de la main l'obstacle qui la gêne,
   Sans fouler un pied sous nos pas.

Dieu saura bien sans nous accomplir sa pensée.
Son front dort-il jamais sur l'œuvre commencée?
Homme, quand il attend, pourquoi t'agites-tu?
Quel trait s'est émoussé sur le but qu'il ajuste?
N'étendons pas le Temps sur le lit de Procuste!
La résignation est la force du juste ;
   La patience est sa vertu.

Ne devançons donc pas le lever des idées,
Ne nous irritons pas des heures retardées,
Ne nous enfermons pas dans l'orgueil de nos lois!
Du poids de son fardeau si l'humanité plie,
Prêtons à son rocher notre épaule meurtrie,
Servons l'humanité, le siècle, la patrie!
   Vivre en tout, c'est vivre cent fois;

C'est vivre comme Dieu de cette immense vie
Qu'avec l'être et les temps sa vertu multiplie,
Rayonnement lointain de sa divinité;
C'est tout porter en soi, comme l'âme suprême,
Qui sent dans ce qui vit et vit dans ce qu'elle aime;
Et d'un seul point du temps c'est se fondre soi-même
    Dans l'universelle unité.

Ainsi quand le navire aux épaisses murailles,
Qui porte un peuple entier bercé dans ses entrailles,
Sillonne au point du jour l'océan sans chemin,
L'astronome chargé d'orienter la voile
Monte au sommet des mâts où palpite la toile,
Et, promenant ses yeux de la vague à l'étoile,
    Se dit : « Nous serons là demain! »

Puis, quand il a tracé sa route sur la dune
Et de ses compagnons présagé la fortune,
Voyant dans sa pensée un rivage surgir,
Il descend sur le pont où l'équipage roule,
Met la main au cordage et lutte avec la houle.
Il faut se séparer, pour penser, de la foule,
    Et s'y confondre pour agir!

XXIV

LA FEMME

XXIV

LA FEMME

A M. DECAISNE

APRÈS AVOIR VU SON TABLEAU DE LA CHARITÉ

Paris, 10 décembre 1838.

O femme, éclair vivant dont l'éclat me renverse !
O vase de splendeur qu'un jour de Dieu transperce !
Pourquoi nos yeux ravis fondent-ils sous les tiens ?
Pourquoi mon âme en vain sous ma main comprimée
S'élance-t-elle à toi, comme une aigle enflammée
Dont le feu du bûcher a brisé les liens ?

Déjà l'hiver blanchit les sommets de ma vie.
Sur la route au tombeau, que mes pieds ont suivie,
Ah! j'ai derrière moi bien des nuits et des jours!
Un regard de quinze ans, s'il y daignait descendre,
Dans mon cœur consumé ne remûrait que cendre,
Cendre de passions qui palpitent toujours!

Je devrais détourner mon cœur de leur visage,
Me ranger en baissant les yeux sur leur passage,
Et regarder de loin ces fronts éblouissants,
Comme l'on voit monter de leur urne fermée
Les vagues de parfum et de sainte fumée
Dont les enfants de chœur vont respirer l'encens.

Je devrais contempler avec indifférence
Ces vierges, du printemps rayonnante espérance,
Comme l'on voit passer sans regret et sans pleurs,
Au bord d'un fleuve assis, ces vagues fugitives
Dont le courant rapide emporte à d'autres rives
Des flots où des amants ont effeuillé des fleurs.

Cependant, plus la vie au soleil s'évapore,
O filles de l'Éden, et plus on vous adore!
L'odeur de vos soupirs nous parfume les vents;
Et même quand l'hiver de vos grâces nous sèvre,
Non, ce n'est pas de l'air qu'aspire votre lèvre :
L'air que vous respirez, c'est l'âme des vivants!

Car l'homme éclos un jour d'un baiser de ta bouche,
Cet homme dont ton cœur fut la première couche,
Se souvient à jamais de son nid réchauffant,
Du sein où de sa vie il puisa l'étincelle,
Des étreintes d'amour au creux de ton aisselle,
Et du baiser fermant sa paupière d'enfant!

Mais si tout regard d'homme à ton visage aspire,
Ce n'est pas seulement parce que ton sourire
Embaume sur tes dents l'air qu'il fait palpiter,
Que sous le noir rideau des paupières baissées
On voit l'ombre des cils recueillir des pensées
Où notre âme s'envole et voudrait habiter ;

Ce n'est pas seulement parce que de ta tête
La lumière glissant, sans qu'un angle l'arrête,
Sur l'ondulation de tes membres polis,
T'enveloppe d'en haut dans ses rayons de soie
Comme une robe d'air et de jour, qui te noie
Dans l'éther lumineux d'un vêtement sans plis ;

Ce n'est pas seulement parce que tu déplies
Voluptueusement ces bras dont tu nous lies,
Chaîne qui d'un seul cœur réunit les deux parts,
Que ton cou de ramier sur l'aile se renverse,
Et que s'enfle à ton sein cette coupe qui verse
Le nectar à la bouche et l'ivresse aux regards :

Mais c'est que le Seigneur en toi, sa créature,
Alluma le foyer des feux de la nature ;
Que par toi tout amour a son pressentiment ;
Que toutes voluptés, dont le vrai nom est femme,
Traversent ton beau corps ou passent par ton âme,
Comme toutes clartés tombent du firmament !

Cette chaleur du ciel, dont ton sein surabonde,
A deux rayonnements pour embraser le monde,
Selon que son foyer fait ondoyer son feu.
Lorsque sur un seul cœur ton âme le condense,
L'homme est roi, c'est l'amour ! Il devient providence
Quand il s'épand sur tous et rejaillit vers Dieu.

Alors on voit l'enfant, renversé sur ta hanche,
Effeuiller le bouton que ta mamelle penche,
Comme un agneau qui joue avec le flot qu'il boit;
L'adolescent, qu'un geste à tes genoux rappelle,
Suivre de la pensée, au livre qu'il épelle,
La sagesse enfantine écrite sous ton doigt;

L'orphelin se cacher dans les plis de ta robe,
L'indigent savourer le regard qu'il dérobe,
Le vieillard à tes pieds s'asseoir à ton soleil;
Le mourant dans son lit, retourné sans secousse
Sur ce bras de la femme où la mort même est douce,
S'endormir dans ce sein qu'il pressait au réveil!

Amour et charité, même nom dont on nomme
La pitié du Très-Haut et l'extase de l'homme!
Oui, tu l'as bien compris, peintre aux langues de feu!
La beauté, sous ta main, par un double mystère,
Unit ces deux amours du ciel et de la terre.
Ah! gardons l'un pour l'homme, et brûlons l'autre à Dieu.

XXV

LA CLOCHE DU VILLAGE

XXV

LA CLOCHE DU VILLAGE

Oh! quand cette humble cloche à la lente volée
Épand comme un soupir sa voix sur la vallée,
Voix qu'arrête si près le bois ou le ravin ;
Quand la main d'un enfant qui balance cette urne
En verse à sons pieux dans la brise nocturne
     Ce que la terre a de divin ;

Quand du clocher vibrant l'hirondelle habitante
S'envole au vent d'airain qui fait trembler sa tente.

Et de l'étang ridé vient effleurer les bords ;
Ou qu'à la fin du fil qui chargeait sa quenouille,
La veuve du village à ce bruit s'agenouille,
    Pour donner leur aumône aux morts :

Ce qu'éveille en mon sein le chant du toit sonore,
Ce n'est pas la gaîté du jour qui vient d'éclore,
Ce n'est pas le regret du jour qui va finir,
Ce n'est pas le tableau de mes fraîches années
Croissant sur ces coteaux, parmi ces fleurs fanées
    Qu'effeuille encor mon souvenir ;

Ce n'est pas mes sommeils d'enfant sous ces platanes,
Ni ces premiers élans du jeu de mes organes,
Ni mes pas égarés sur ces rudes sommets,
Ni ces grands cris de joie en aspirant vos vagues,
O brises du matin pleines de saveurs vagues,
    Et qu'on croit n'épuiser jamais !

Ce n'est pas le coursier atteint dans la prairie,
Pliant son cou soyeux sous ma main aguerrie,
Et mêlant sa crinière à mes beaux cheveux blonds,
Quand, le sol sous ses pieds sonnant comme une enclume,
Sa croupe m'emportait, et que sa blanche écume
    Argentait l'herbe des vallons !

Ce n'est pas même, amour, ton premier crépuscule,
Au mois où du printemps la séve qui circule
Fait fleurir la pensée et verdir le buisson,
Quand l'ombre ou seulement les jeunes voix lointaines
Des vierges rapportant leurs cruches des fontaines
    Laissaient sur ma tempe un frisson.

Ce n'est pas vous non plus, vous que pourtant je pleure,
Premier bouillonnement de l'onde intérieure,
Voix du cœur qui chantais en t'éveillant en moi,
Mélodieux murmure embaumé d'ambroisie
Qui fait rendre à ta source un vent de poésie !...
    O gloire, c'est encor moins toi !

De mes jours sans regret que l'hiver vous remporte
Avec le chaume vide, avec la feuille morte,
Avec la renommée, écho vide et moqueur !
Ces herbes du sentier sont des plantes divines
Qui parfument les pieds; oui, mais dont les racines
    Ne s'enfoncent pas dans le cœur !

Guirlandes du festin que pour un soir on cueille,
Que la haine empoisonne ou que l'envie effeuille,
Dont vingt fois sous les mains la couronne se rompt,
Qui donnent à la vie un moment de vertige,
Mais dont la fleur d'emprunt ne tient pas à la tige,
    Et qui sèche en tombant du front.

C'est le jour où ta voix dans la vallée en larmes
Sonna le désespoir après le glas d'alarmes,
Où deux cercueils passant sous les coteaux en deuil,
Et bercés sur des cœurs par des sanglots de femmes,
Dans un double sépulcre enfermèrent trois âmes,
    Et m'oublièrent sur le seuil !

De l'aurore à la nuit, de la nuit à l'aurore,
O cloche, tu pleuras comme je pleure encore,
Imitant de nos cœurs le sanglot étouffant;
L'air, le ciel, résonnaient de ta complainte amère,
Comme si chaque étoile avait perdu sa mère,
      Et chaque brise son enfant !

Depuis ce jour suprême, où ta sainte harmonie
Dans ma mémoire en deuil à ma peine est unie,
Où ton timbre et mon cœur n'eurent qu'un même son.
Oui, ton bronze sonore et trempé dans la flamme
Me semble, quand il pleure, un morceau de mon âme
      Qu'un ange frappe à l'unisson !

Je dors lorsque tu dors, je veille quand tu veilles;
Ton glas est un ami qu'attendent mes oreilles;
Entre les voix des tours je démêle ta voix;
Et ta vibration encore en moi résonne,
Quand l'insensible bruit qu'un moucheron bourdonne
      Te couvre déjà sous les bois !

Je me dis : Ce soupir mélancolique et vague
Que l'air profond des nuits roule de vague en vague,
Ah ! c'est moi, pour moi seul, là-haut retentissant !
Je sais ce qu'il me dit, il sait ce que je pense;
Et le vent qui l'ignore, à travers le silence,
      M'apporte un sympathique accent.

Je me dis : Cet écho de ce bronze qui vibre,
Avant de m'arriver au cœur de fibre en fibre,

A frémi sur la dalle où tout mon passé dort ;
Du timbre du vieux dôme il garde quelque chose :
La pierre du sépulcre où mon amour repose
    Sonne aussi dans ce doux accord !

———

Ne t'étonne donc pas, enfant, si ma pensée,
Au branle de l'airain secrètement bercée,
Aime sa voix mystique et fidèle au trépas ;
Si, dès le premier son qui gémit sous sa voûte,
Sur un pied suspendu je m'arrête, et j'écoute
    Ce que la mort me dit tout bas.

Et toi, saint porte-voix des tristesses humaines
Que la terre inventa pour mieux crier ses peines,
Chante ! des cœurs brisés le timbre est encor beau !
Que ton gémissement donne une âme à la pierre,
Des larmes aux yeux secs, un signe à la prière,
    Une mélodie au tombeau !

———

Moi, quand des laboureurs porteront dans ma bière
Le peu qui doit rester ici de ma poussière ;
Après tant de soupirs que mon sein lance ailleurs,
Quand des pleureurs gagés, froide et banale escorte,
Déposeront mon corps endormi sous la porte
    Qui mène à des soleils meilleurs,

Si quelque main pieuse en mon honneur te sonne,
Des sanglots de l'airain, oh! n'attriste personne;
Ne va pas mendier des pleurs à l'horizon !
Mais prends ta voix de fête, et sonne sur ma tombe
Avec le bruit joyeux d'une chaîne qui tombe
    Au seuil libre d'une prison !

Ou chante un air semblable au cri de l'alouette
Qui, s'élevant du chaume où la bise la fouette,
Dresse à l'aube du jour son vol mélodieux,
Et gazouille ces chants qui font taire d'envie
Ses rivaux attachés aux ronces de la vie,
    Et qui se perd au fond des cieux !

ENVOI

Mais sonne avant ce jour, sonne doucement l'heure
Où quelque barde ami, dans mon humble demeure,
Vient de mon cœur malade éclairer le long deuil,
Et me laisse en partant, charitable dictame,
Deux gouttes du parfum qui coule de son âme,
    Pour embaumer longtemps mon seuil.

XXVI

A MON AMI AIMÉ-MARTIN

SUR SA BIBLIOTHÈQUE

XXVI

A MON AMI AIMÉ-MARTIN

SUR SA BIBLIOTHÈQUE

———

Paris, 27 mars 1840.

O philosophe, ô solitaire
Sur la montagne retiré,
Qui répands de là sur la terre
La chaleur d'un cœur inspiré !

Quand je m'assois dans ces retraites
Pleines des générations,
Où tu ranges sur deux tablettes
La sagesse des nations ;

Dans ces catacombes des âges,
En un volume reliés,
Quand je vois dans deux ou trois pages
Tenir cent peuples oubliés ;

Quand je vois ces feuilles lancées
Aux vents par le temps ennemi,
Cette poussière de pensées
Que le ver broie à la fourmi ;

Et ces caractères, qu'efface
Au regard le texte incertain,
Disparaissant comme la trace
Du voyageur dans un lointain,

Je dis dans mon orgueil qui doute,
Sur tant d'orgueil enseveli :
« Quoi ! je serai donc une goutte
De ce grand océan d'oubli ?

» Le comble de mes destinées
Sera qu'à mille ans parvenu,
Des langues qui ne sont pas nées
Épellent mon nom inconnu ;

» Que, dans un coin de sa mémoire,
Un œil curieux du néant
Range ma poussière de gloire,
Jeu d'osselets du fainéant ;

» Que l'oiseau porte à sa couvée,
Avec les brins du papyrus,
Quelque syllabe retrouvée
De mes *monuments* disparus!

» Graver ses pas sur cette arène,
A ce lointain jeter sa voix,
Être immortel, folie humaine,
Ah! ce n'est que mourir deux fois!

» Ne remplaçons pas nos pages
Ces pages que nous balayons ;
Car Dieu fit la langue des sages
De deux mots : Aimons et prions ! »

XXVII

RAPHAËL

XXVII

RAPHAËL

—

Quand la lune est au ciel comme l'astre des rêves,
Que la mer balbutie en dormant sur ses grèves,
Que des voiles sans bruit glissent le long du bord,
Que l'aboîment des chiens s'affaiblit et s'endort,
Et que sur les flancs noirs des montagnes voilées,
L'une après l'autre, on voit les lampes étoilées
S'éteindre au souffle humain de maison en maison,
Et laisser à la nuit la terre et l'horizon;
Si par hasard je veille, et que du balcon sombre
Des étoiles du ciel je calcule le nombre,

Ou bien que je mesure, aidé par le compas,
Ces espaces remplis du Dieu qui n'y tient pas;
Si, sur cet océan et de doute et de joie,
Dans son immensité son infini me noie,
Et que je cherche un cri, pour crier : Je te vois!
Et que ce cri me manque et défaille à ma voix;
Ou bien si des hauteurs de cet Être suprême
Mon esprit par son poids retombe sur lui-même,
Encor jeune de jours et déjà vieux d'ennuis,
Si je sonde à tâtons le cachot où je suis;
Si je vois aux deux bouts d'une courte carrière
Des doutes en avant, des remords en arrière,
Des apparitions promptes à s'envoler,
Des espoirs sur mes pas montant pour s'écrouler,
Des tombeaux recouverts de roses près d'éclore
S'entr'ouvrant sur les pas des êtres qu'on adore,
Notre cœur avant nous cousu dans le linceul,
L'âme partie avant et le corps resté seul,
Et si je sens pourtant dans ce corps périssable
Renaître de sa mort une âme intarissable,
Couvant ses feux cachés sous la neige des temps,
Avec sa soif de vivre et d'aimer de vingt ans,
Capable d'enfanter et d'animer des mondes,
Mer où la vie épanche et repuise ses ondes,
Séve dont le principe à jamais rajeuni
De forces et de jours tarirait l'infini;
Et si dans les langueurs de ma nuit inquiète
Je lis pour m'apaiser les rhythmes d'un poëte,
Ou si j'entends là-bas, sous l'oranger dormant,
Bourdonner la guitare, écho d'un cœur d'amant,
Qu'une fenêtre s'ouvre et qu'une vierge en sorte
Pour écouter le son qui supplie à sa porte;
Et que dans le silence ou dans leur entretien
Leur battement de cœur résonne jusqu'au mien :

Alors ce cœur glacé, que le délire égare,
Bondit dans ma poitrine aux sons de leur guitare ;
Leur bonheur par leur voix coule dans tous mes sens,
Ma tempe bat en moi le rhythme à leurs accents ;
De la nuit et du son jusqu'au jour je m'enivre...
Mais écouter la vie, ô mon âme, est-ce vivre ?

XXVII

A M. BEAUCHESNE

XXVIII

A M. BEAUCHESNE

Si tu cherches la paix et l'abri pour ton rêve,
Pourquoi bâtir ton nid si près du grand écueil?
J'aime mieux la maison du pêcheur sur la grève,
Dont la vague en hurlant vient caresser le seuil;

J'aime mieux la maison du pâtre sous la neige
D'une Alpe qui blanchit sous un soleil levant,
Où l'on entend sonner le givre qui l'assiége,
Dont la solive craque et tremble aux coups du vent;

J'aime mieux cet esquif, maison frêle et flottante
De ces navigateurs étrangers en tout lieu,
Que ces palais minés moins stables qu'une tente,
Où le bruit des humains couvre ces bruits de Dieu !

NOTE

Les deux odes qui suivent sont celles auxquelles répond M. de Lamartine dans la pièce intitulée UTOPIE, aux *Recueillements poétiques*.

L'AVENIR POLITIQUE EN 1837

L'AVENIR POLITIQUE EN 1837

A M. DE LAMARTINE

PAR M. BOUCHARD

Comme un vaisseau qui marche sans boussole,
L'humanité flotte au sein de la nuit,
Cherchant des yeux le phare qui console
A l'horizon, où nul flambeau ne luit;
Et l'équipage, épouvanté, répète
Au mousse assis à la pointe des mâts :
« Toi dont l'œil perce à travers la tempête,
Enfant des mers, ne vois-tu rien là-bas? »

Interrompant la chanson qu'il commence.
Le mousse alors répond au matelot :
« Je ne vois rien qu'un océan immense,
Où chaque siècle est perdu comme un flot ;
Gouffre sans fond qu'un ciel d'airain surplombe,
Tombeau des mois, des cités, des États.
— L'arche du monde attend une colombe :
Enfant des mers, ne vois-tu rien là-bas ?

— Je vois au loin lutter contre l'orage
Sur un radeau d'infortunés proscrits,
Lambeaux sacrés d'un immortel naufrage,
De la Pologne héroïques débris ;
Peuple qui vient, la poitrine meurtrie,
A nos foyers raconter ses combats.
— Aux exilés Dieu rendra la patrie !
Enfant des mers, ne vois-tu rien là-bas ?

— Je vois le Nord fondre comme un corsaire
Sur l'Orient, vieillard sans avenir,
Qui dans le sang du fougueux janissaire
Baigna ses pieds, et crut se rajeunir.
— Quel bruit, semblable à la foudre qui roule,
A notre oreille éclate avec fracas ?
— Sur l'Alcoran c'est le sérail qui croule.
— Enfant des mers, ne vois-tu rien là-bas ?

— Je vois encore une terre féconde,
Où l'oranger fleurit près des jasmins,
Terre d'amour qu'un soleil pur inonde,
Et que ses fils déchirent de leurs mains.

C'est le démon de la discorde infâme...
Mais Dieu sur lui vient d'étendre son bras :
Il tombe, et meurt sous les pieds d'une femme.
— Enfant des mers, ne vois-tu rien là-bas?

Quels sont ces bords? — C'est la belle Ausonie.
De l'étranger j'y vois fumer les camps :
Le despotisme enchaîne son génie,
Et dort tranquille au pied de ses volcans.
Mais le Vésuve, indigné d'être esclave,
Brise ses flancs et vomit des soldats :
La liberté bouillonne dans sa lave.
— Enfant des mers, ne vois-tu rien là-bas?

D'un monde usé pourquoi parler sans cesse?
Signale-nous ce monde généreux,
Frais d'avenir, d'amour et de jeunesse,
Des cœurs aimants doux espoir, rêve heureux.
Mille parfums enivrent cette terre :
Des fruits partout, des fleurs à chaque pas!
De l'avenir toi qui sais le mystère,
Enfant des mers, ne vois-tu rien là-bas?

— Oui, le voilà! je l'entrevois dans l'ombre;
Nul pas humain n'a profané ses bords.
Courage, amis! en vain la nuit est sombre,
En vain l'éclair embrase nos sabords.
De ce vieux monde oublions les mensonges,
Les noirs fléaux et les soleils ingrats :
Dieu va semer le bonheur sur nos songes.
Marchons toujours, le bonheur est là-bas. »

Ainsi toujours sur la mer éternelle
L'humanité promène un œil hagard :
Ce jeune mousse, ardente sentinelle,
C'est toi, poëte au dévorant regard.
Quand l'équipage à genoux pleure et prie,
Quand matelots et pilote sont las,
Prophète aimé, Dieu par ta voix leur crie :
« Marchez toujours! le bonheur est là-bas! »

A M. DE LAMARTINE

SUR SON VOYAGE EN ORIENT EN 1833

PAR M. BOUCHARD

A M. DE LAMARTINE

SUR SON VOYAGE EN ORIENT EN 1833

PAR M. BOUCHARD

Sous le vent frais qui déroulait sa voile,
Il est parti vers ces bords éclatants,
Terre promise où brille son étoile,
Et que son âme espéra si longtemps.
Brise des mers, sois douce et parfumée!
Flots, calmez-vous! ciel, sois toujours serein!
Reverdissez, cèdres de l'Idumée!
Dieu soit en aide au pieux pèlerin!

Sur cette Grèce au brûlant territoire
Jette, ô poëte, un rayon d'avenir!
Là, chaque pierre est un feuillet d'histoire;
Là, chaque pas presse un grand souvenir.
On reconnaît les descendants d'Alcide
Dans son vieux Klephte et son brave marin :
Des chants d'Argos aux monts de la Phocide,
Dieu soit en aide au pieux pèlerin!

Ta mission dans les cieux est écrite :
Cours promener ta vie aux rêves d'or
Dans ces déserts où l'Arabe s'abrite
Aux sphinx de Thèbe, au palais de Luxor.
Tu rediras, en voyant sous le sable
Ces dieux géants de granit et d'airain :
« Vous seul, Seigneur, êtes impérissable! »
Dieu soit en aide au pieux pèlerin!

Transports sacrés, religieux délire,
Enthousiasme, aigle aux ailes de feu,
Électrisez le croisé de la lyre
Dans la Sion où souffrit l'Homme-Dieu!
Écho du ciel, ton hymne va descendre
Sur cette veuve au front pâle et chagrin :
Jérusalem va secouer sa cendre.
Dieu soit en aide au pieux pèlerin!

Tu les verras, ces rivages d'Asie
Que l'œil compare à des jardins flottants,
Où tout est fleurs, lumière et poésie;
Où le zéphyr éternise un printemps;

Et la 'Stamboul, reine aux mille coupoles,
Sous le soleil éblouissant écrin.
Mon cœur te suit aux bords où tu t'envoles.
Dieu soit en aide au pieux pèlerin !

Va, jeune cygne à l'accent prophétique,
Va, sous le ciel d'un monde plus riant,
Pour agrandir ton essor poétique,
Tremper ton aile aux parfums d'Orient ;
Puis verse-nous ces trésors d'harmonie
Qu'attend ma muse au modeste refrain !
Dieu, que j'implore, a béni ton génie :
Dieu soit en aide au pieux pèlerin !

TABLE

DES MATIÈRES CONTENUES DANS CE VOLUME

Pages.

A M. DE LAMARTINE, après la lecture de son poëme de Jocelyn ; par M. Jules de Rességuier. 3

RÉPONSE DE M. A. DE LAMARTINE à M. Jules de Rességuier. 9

DES DEVOIRS CIVILS DU CURE 13

ÉPITRES ET POÉSIES DIVERSES

A M. Victor Hugo. 28
A M. Amédée de Parseval. 39
A M. Casimir Delavigne. 46

TABLE DES MATIÈRES.

	Pages.
A M. DE LAMARTINE, par M. Casimir Delavigne	54
A M. LÉON BRUYS D'OUILLY	61
A M. A. DE LAMARTINE, par M. Léon Bruys d'Ouilly	67
ADIEUX DE SIR WALTER SCOTT A SES LECTEURS	75
RÉPONSE AUX ADIEUX DE SIR WALTER SCOTT A SES LECTEURS	79
LA MARSEILLAISE DE LA PAIX. — Réponse à M. Becker.	95
A NÉMÉSIS	103
HOMÈRE	111
LA VIGNE ET LA MAISON	117
AU COMTE D'ORSAY	135
CANTIQUE SUR LE TORRENT DE TUISY	141
LA ROSE FANÉE	149
LA FILLE DU PÊCHEUR	151
LE ROSSIGNOL	163
A MADEMOISELLE DELPHINE GAY	173
A MADAME DESBORDES-VALMORE	181
LA CLOCHE	189
L'HIRONDELLE	195
A M. CHARLES NODIER	199
AU PRINCE ROYAL DE BAVIÈRE	203
LE CRI DE CHARITÉ	207
L'IDÉE ÉTERNELLE	209
VERS A M. TRAMBLY	211
VERS SUR UN ALBUM	213
A M. TRAMBLY	215
A MADEMOISELLE B***	217
VERS INSCRITS SUR L'ALBUM DE MADEMOISELLE NODIER	219
A UN ANONYME	221

	Pages.
Vers inscrits sur l'album de mademoiselle H***. . . .	223
Vers sur un Album.	225
A une Jeune Personne qui prédisait l'avenir.	227
A Regaldi.	229
Improvisation sur le bateau a vapeur du Rhône. . .	231
Le Retour.	233
Réponse a un Vieil Ami.	235
A de Jeunes Américaines	237
A un Poète anglais qui avait traduit une Harmonie . .	239
A une Jeune Polonaise, Mademoiselle Michalowska . .	241
Sur une Guirlande de fleurs peintes, pour une loterie de charité.	243
Inscription pour une maison de campagne.	245
Sur un Album.	247
Improvisation a Saint-Gaudens, en recevant une sérénade	249

RECUEILLEMENTS POÉTIQUES

Lettre a M. Léon Bruys d'Ouilly, servant de préface.	253
Entretien avec le Lecteur.	265
Discours prononcé sur la tombe de M. Aimé-Martin. .	283
I. Cantique sur la mort de madame la duchesse de Broglie.	291
II. A M. de Genoude, sur son ordination.	305

		Pages.
III.	Aux Enfants de madame Léontine de Genoude.	313
IV.	A madame ***, qui fondait une salle d'asile...	317
V.	A M. Wap, poëte hollandais, en réponse à une ode adressée à l'auteur sur la mort de sa fille.	321
VI.	A madame la duchesse de R***, sur son album.	330
VII.	A une Jeune Moldave.	333
VIII.	Amitié de Femme.	337
IX.	Epitaphe des Prisonniers français morts pendant leur captivité en Angleterre.	341
X.	Un Nom.	345
XI.	A M. Félix Guillemardet, sur sa maladie.	351
XII.	Le Liseron.	361
XIII.	Toast porté dans un banquet national des Gallois et des Bretons, etc.	365
XIV.	A une Jeune Fille poète.	373
XV.	Cantique sur un Rayon de soleil.	383
XVI.	Épitre a M. A. Dumas.	393
XVII.	A une Jeune Fille qui me demandait de mes cheveux.	407
XVIII.	A Angelica, baronne de Rothkirke.	411
XIX.	A Augusta	416
XX.	Le Tombeau de David a Jérusalem.	419
XXI.	A M. le comte de Virieu, après la mort d'un ami commun, etc.	435
XXII.	Vers écrits dans la chambre de J.-J. Rousseau à l'Ermitage	443
XXIII.	Utopie; à M. Bouchard.	447
XXIV.	La Femme; à M. Decaisne, après avoir vu son tableau de la Charité.	461

TABLE DES MATIÈRES.

	Pages.
XXV. La Cloche du Village.	467
XXVI. A mon ami Aimé-Martin, sur sa bibliothèque.	475
XXVII. Raphaël.	481
XXVIII. A M. Beauchesne.	489

L'AVENIR POLITIQUE EN 1837; à M. de Lamartine, par M. Bouchard. 493

A M. DE LAMARTINE, SUR SON VOYAGE EN ORIENT, EN 1833; par M. Bouchard 497

FIN DU CINQUIÈME VOLUME.

www.ingramcontent.com/pod-product-compliance
Lightning Source LLC
Chambersburg PA
CBHW071717230426
43670CB00008B/1042